企业社会责任的危机缓冲效应研究

基于消费者反应的视角

李海廷◎著

中国财富出版社

图书在版编目（CIP）数据

企业社会责任的危机缓冲效应研究：基于消费者反应的视角／李海廷著．—北京：中国财富出版社，2018.4

ISBN 978－7－5047－6633－5

Ⅰ.①企…　Ⅱ.①李…　Ⅲ.①企业责任—社会责任—研究　Ⅳ.①F272－05

中国版本图书馆 CIP 数据核字（2018）第 073686 号

策划编辑　李彩琴　　**责任编辑**　戴海林　孟　婷

责任印制　尚立业　　**责任校对**　杨小静　　**责任发行**　王新业

出版发行　中国财富出版社

社　　址　北京市丰台区南四环西路 188 号 5 区 20 楼　　**邮政编码**　100070

电　　话　010－52227588 转 2048/2028（发行部）　010－52227588 转 321（总编室）

010－52227588 转 100（读者服务部）　010－52227588 转 305（质检部）

网　　址　http://www.cfpress.com.cn

经　　销　新华书店

印　　刷　北京京都六环印刷厂

书　　号　ISBN 978－7－5047－6633－5/F·2872

开　　本　710mm×1000mm　1/16　　**版　　次**　2018 年 4 月第 1 版

印　　张　12.5　　**印　　次**　2018 年 4 月第 1 次印刷

字　　数　205 千字　　**定　　价**　68.00 元

本书受教育部人文社会科学研究青年基金项目“企业社会责任的危机缓冲效应研究——基于消费者反应的视角”（批准号：13YJC630073）资助。

序

德国哲学家伊曼努尔·康德（Immanuel Kant）曾说过，“有两样东西，越是经常而持久地对它们进行反复思考，它们就越是使心灵充满常新而日益增长的惊赞和敬畏：我头上的星空和我心中的道德法则”。[①] 对个人而言，道德法则不仅是做人的底线，更是精神境界不断提升的支撑；对企业而言，遵守道德法则更加重要，因为企业是一个组织，其规模和影响范围都远远高于作为个体的个人。事实证明，许多一流企业能做到基业长青，持续百年甚至更久，源源不断地向社会提供高质量的产品和优质的服务，除了技术层面的原因，道德层面的原因更加重要，即做一个能担负起社会责任的企业。据统计，在世界500强企业中，有80%的企业会在网站上公布社会责任信息，90%的企业承担过社会责任（汪旭辉等，2015）。大量实证研究和企业实践表明，企业社会责任[②]活动不仅能为正常经营环境下的企业带来竞争优势，而且当企业发生危机时，还能有效缓冲危机所带来的风险，为企业起到保护屏障的作用。

企业社会责任理论发展至今已成为涵盖经济学、管理学、法学、社会学、伦理学在内的综合学科（谭克诚等，2014）。目前，从消费者视角研究企业社

---

① 康德．实践理性批判［M］．北京：中国人民大学出版社，1997：135.

② 与企业社会责任有关的术语有三个，即企业社会责任（Corporate Social Responsibility，简称 CSR_1）、企业社会响应（Corporate Social Responsiveness，简称 CSR_2）、企业社会表现（Corporate Social Performance，简称 CSP），尽管这三个词的内涵存在差别，但学术界对于三者的确切内涵并没有形成定论，也没有一个明确的框架或模型来界定三者的区别［克拉克森（Clarkson，1995）］。通过对众多关于企业社会责任研究的相关文献进行梳理发现，尽管一些学者倾向于用更具外延性的 CSP 来代替 CSR_1，但在对社会责任进行衡量时并未表现出差异性，因此在未引起歧义的情况下，本文有时会以 CSR 来代指企业社会责任。

会责任，已成为社会责任研究领域的一个重要分支，但以往绝大多数研究都局限于对正常经营环境下企业社会责任行为与消费者反应之间关系的探讨，而对企业面临危机时社会责任与消费者反应之间的关系却很少涉及。本研究主要分析企业社会责任对危机事件的缓冲效应，具体说就是当企业犯错或面临危机时，企业以前的社会责任表现能否为其提供免于危机伤害的“保护伞”或减缓危机伤害的“缓冲剂”。若缓冲效应存在，当危机发生时，消费者的负面反应程度会有所下降，使得企业利益损失较少，这无疑为企业主动实施社会责任活动提供了理论支持。为了系统地对社会责任的危机缓冲效应进行分析，本研究以企业危机发生后消费者反应的关键节点作为依据，将危机发生后消费者反应活动划分为三个阶段，并归纳出每个阶段消费者所关心的问题：阶段一，危机发生阶段，消费者最关心的是谁应该为危机事件负责；阶段二，企业作出反应阶段，消费者最关心的是企业的反应是否合适，根据企业的反应，消费者决定是否信任这个企业；阶段三，消费者购买阶段，若消费者想购买类似产品，是否会考虑购买危机背景下的企业的产品。

根据危机情境下消费者所思考的这三个关联性问题，本书通过三个子研究来分析社会责任的危机缓冲效应。首先，针对危机发生阶段消费者所关心的“谁为危机负责”问题，进行企业社会责任与归因关系的研究。引入社会责任类型和社会责任水平两个变量，分析二者单独及其交互作用对消费者危机事件归因的影响，并引入企业责备这一消费者反应变量，以探究消费者对危机事件归因的进一步影响结果。研究结果表明，危机情境下企业社会责任对消费者反应（危机归因与对企业的责备）仍会起到正面影响作用。不同社会责任水平及社会责任类型对消费者危机归因以及消费者对企业责备程度的影响会产生不同效果。其次，针对企业反应阶段消费者所关心的“我是否信任这个企业”问题，进行了危机反应方式与消费者信任关系的研究，分析企业社会责任对二者关系的影响机制。研究发现，危机发生后企业社会责任对消费者信任起到很大影响，当企业社会责任表现积极时，消费者信任水平明显提高，并且上述关系并不受企业危机反应方式的影响。同时发现，危机发生后企业“明确承担责任”并不是一个坏的选择，甚至是一个最好的选择，而“模棱两可”的反应方式可以说是一个最坏的选择，无论社会责任是积极水平还是消极水平，“明确承担责任”组的信任水平都要高于“模棱两可”组。最后，针对购买阶段消费者所关心的“我是否会购买该企业产品”这一问题，分析了社会责任水平与购买意愿的关系。结果发现，危机严重程度感知对企业社会责任与购买意愿之间的关系具有调节作用，当消费者的危机严重性感知水平比较高时，消费者购买意愿对社会责任水平的敏感性会下降很多；同时，消费者社会责任支持度与社会责任水平之间存在着交互作用，具有高社会责任支持度的消费者对企业的社会责任行为更加敏感；另外，积极的企业社会责任能够增强顾客认同感，进而提升消费者的购买意愿。

企业危机事件的发生，不仅会损害消费者的利益、企业的利益，而且会通过危机事件的溢出效应对企业所在行业的利益造成损害，甚至侵蚀社会信任的基石。企业不重视社会责任的原因，是企业对社会责任与企业利益的关系缺乏深层次理解。本书最终证明了社会责任危机缓冲效应的存在，为企业实施社会责任活动提供了理论支持，证明了企业若认真实施社会责任活动，当危机到来时，可以削弱甚至消除危机给企业造成的伤害。这种由社会责任所带来的危机缓冲效应，可以为身处危机的企业带来较好的消费者反应，并树立竞争优势。

本书得以顺利出版，要感谢教育部给予的资助，感谢我所在单位——烟台大学提供的优美舒适的工作生活环境，使我能安心写作。另外还要感谢南开大学吴晓云教授、北京科技大学瞿国忠教授、南开大学张峰博士、山东财经大学刘侠博士、宁波工程学院焦勇兵博士、山东交通学院李秀菊博士以及烟台大学经济管理学院的同事们，感谢你们一直以来对我的帮助和支持，谢谢你们，祝福你们！

作者写于三元湖畔

2018 年 4 月

目　录

第一章　引　言

近年来，企业危机事件频发，从耐克“血汗工厂”事件、三鹿毒奶粉事件，到东北雪乡“宰客”事件、脸书（Facebook）泄露用户信息事件，等等，不一而足。大量危机事件的发生，令公众特别是消费者对企业的道德水准产生怀疑，既影响了企业声誉、损害了企业实际利益，更降低了企业与消费者之间的信任关系，侵蚀了市场经济赖以生存的契约精神根基。为此，企业界和学术界都在寻找规避危机的“灵丹妙药”。

第一节　研究背景与问题的提出

一、现实背景

（一）企业违反营销伦理的事件增多

近年来，在营销实践中，关于企业营销领域中的危机事件有增多的趋势。例如在美国，仅2000—2004年经媒体曝光的负面营销事件就已达到美国20世纪90年代的1.2倍（王晓玉等，2009）。在中国，企业危机事件，尤其是由于企业自身原因造成的危机事件近几年更处于高发期，这方面的案例不胜枚举（参见附录A），国外案例有麦当劳毒玻璃杯事件、丰田汽车召回事件、脸书泄密事件等，国内案例有双汇“瘦肉精”事件、三鹿奶粉添加三聚氰胺事件、国美电器员工套取国家补贴事件、青岛大虾事件、“苏丹红一号”事件等。2018年央视“3·15”晚会又披露了大众途锐汽车发动机进水事件、山东枣庄市多家企业生产仿冒名牌食品饮料事件、买珠宝抽大奖骗局事件等，再一次激发了消费者对企业的不信任感。国内外发生的企业危机事件类型覆盖范围广泛，既有环境污染问题，也有不公正对待员工问题。在国内，目前最突出且最被消费者关注的，则是产品质量问题。

企业社会责任事故频发，不仅损害了消费者和企业的利益，甚至会通过危机事件的溢出效应①而对企业所在行业的利益，甚至整体社会的利益造成伤害。例如，三鹿毒奶粉事件，不仅导致三鹿这一知名企业直接倒闭，更导致整个乳制品行业遭遇信任危机，至今尚未完全恢复。在 2008 年三鹿毒奶粉事件爆发后的 2009 年，国内乳制品销售额急剧下降，而进口量则由先前的 12.06 万吨激增到 59.7 万吨，同比增长 70.1%，其中高端进口婴幼儿奶粉所占进口乳制品的份额接近 90%。② 即使到现在，在婴幼儿奶粉市场，由于消费者对国产品牌持不信任态度，以致国产奶粉几乎无人问津，而国外品牌奶粉的价格在持续上涨的同时还保持着高市场占有率。

是什么导致企业不重视社会责任？这里面有企业社会责任意识薄弱问题，更重要的是，目前一些企业只是基于简单的“成本—收益”逻辑来思考问题，而对利益相关方对企业社会责任行为（正面或负面的）的反应机制不了解，如果企业能清楚利益相关者（尤其是消费者）对社会责任行为的反应机制，则会认识到犯错成本之高昂，从而减少犯错概率。一些管理者认为企业履行社会责任成本太高，会损害企业利益，但这部分人没有想到，一旦企业违反社会责任规范，其所付出的成本会更加高昂。例如，味千拉面“骨汤门”事件后，导致其 2011 年净利润较上年度减少 21.8%，净利润下降超过两成；③奢侈家具代理商达芬奇“造假门”出现后，在短短十天内全国销售额下滑了 80%~90%，同时要求退款的金额总和达到几千万元，此前该企业每月营业额

---

① DAHLEN M，LANGE F. A disaster is contagious：how a brand in crisis affects other brand？［J］. Journal of Advertising Research，2006，46（12）：388－396. 文中指出危机事件的溢出效应是指事件不仅会对当事企业造成影响，而且对与该企业产品相似的整个产品大类产生影响。危机事件对其他企业的溢出效应是正方向还是负方向又依赖于竞争品牌与当事品牌的类似性，若相似性高，则消费者对竞争品牌的评价会相应下降；若相似性低，则消费者对竞争品牌的评价有可能上升。

② 涂重航. 全国委员称三鹿事件后乳制品进口猛增近 5 倍［EB/OL］.（2011－03－10）［2018－01－13］http：//11fj. qq. com/a/20110310/000234. html.

③ 贾亦夫. 味千去年净利下降超两成，称骨汤事件影响盈利［EB/OL］.（2012－03－22）［2018－01－13］http：//www. chinanews. com/stock/2012－03－22/3765257. html.

在5000万~8000万元，平均每天营业额为200万元，事件发生后，每天减少的营业额达到150多万元。①

（二）个人和企业层面社会责任意识淡薄

早在2006年，胡锦涛同志就在中央经济工作会议上明确指出："既要继续健全企业激励机制，也要注重强化企业外部约束，引导企业树立现代经营理念，切实承担起社会责任。"但目前我国无论在企业层面还是个人层面，社会责任意识相对来说都比较淡薄。郑广怀（2004）在一项研究中，通过对北京和深圳两地的消费者进行调查，了解中国消费者对企业社会责任的了解程度、持什么样的态度以及以何种方式参与其中。调查显示，消费者对企业社会责任了解较少，如对"消费者运动"这一企业社会责任领域内的重要概念，只有29.2%的消费者知道，了解比例偏低。该研究认为，考虑到中国消费者权益保护运动的广泛开展，一些被调查者可能把"消费者运动"与消费者权益保护运动等同，因此实际了解该概念的消费者可能还要低于调查数据，针对消费者对消费者运动看法的调研中，在肯定性回答里，得到最高肯定的是环境保护，有3.2%的消费者对环境保护持肯定态度，而对保护工人权益的肯定只占到1.8%，可见消费者更多关注与自身利益密切相关的环境问题，而对工人权益问题则采取了较为冷漠的态度。

在市场经济发达国家，无论在法律制度层面还是个人意识自觉方面，对企业社会责任意识的重视程度则要高得多。国外企业社会责任评价体系相对比较完善，目前已出现许多有广泛影响力的评价指数，如美国的道琼斯可持续发展指数和纳斯达克社会指数、英国《金融时报》社会指数、《财富》100强责任排名指数、约翰内斯堡股票交易所责任投资指数、日本晨星社会责任投资指数、英国企业商会企业责任指数等。2002年英国政府建立的企业责任指数，旨在支持企业改善其对社会和环境的积极影响。2004年，英国贸工部设立了英国企业社会责任学院，专门培养具有社会责任技能的经理人。瑞典政府在外交部设立了"可持续发展全球责任伙伴计划"办公室，并建立了工作

① 李亚蝉，等．达芬奇因"造假门"重伤元气，否认门店频现停业［EB/OL］.(2011-12-02)［2018-01-13］http://finance.qq.com/a/20111202/001016.html.

协调机制，以推进企业社会责任战略的实施。许多知名企业也逐渐认识到社会责任的重要性，如通用电气公司、通用汽车公司、强生公司等都建立了道德委员会及社会政策委员会，制定了企业应遵循的社会责任标准或道德标准。惠普公司的创始人戴维·帕卡德（Dave Packard）早在1939年就曾说过："我觉得很多人以为一个公司仅仅只为挣钱而存在，这是错误的……一群人联合起来组成一个我们称之为公司的组织，是为了以集体的力量达成他们单独时做不到的事情——为社会做出贡献。"[①] 星巴克的首席执行官奥林·史密斯（Orin Smith）认为，星巴克的最大成就之一是说服顾客支付3美元的价格购买一杯"具有社会责任感的咖啡"。

莫尔等（Mohr et al. 2001）进行的一项针对美国消费者社会责任意识的调查中，发现了一个积极实践着消费者社会责任行为（Socially Responsible Consumer Behavior）的消费者群体，并且这一比例占到被调查者的40%。一个明显的例子是发达国家中自觉参与慈善事业的企业家无论在人数还是在捐赠数额方面都越来越多，如年仅28岁的亿万富翁，社交网站脸书创始人马克·扎克伯格（Mark Zuckerberg）早在2010年9月便宣布加入"捐赠承诺"慈善捐款行动，将自己过半财产捐赠给慈善事业，他说"尽管不少人等到生命后半程再做出回馈社会的决定，但我认为需要资源的慈善事业很多，我不愿继续等待下去"。[②] 相比之下，在中国，尽管随着经济发展，企业及个人财富日益增长，但人们的道德意识、社会责任意识却未同步提升。我国无论是企业还是个人的慈善事业均未形成规模，整个社会慈善氛围尚未形成。例如，在企业界和演艺界时有"诈捐门"事件发生。一些人宁愿争先恐后去国外购买奢侈品，也不愿参与到诸如"希望工程"等慈善事业中。而"杜宇案"等事件的发生，导致人们之间的信任度降低，也为刚处于萌芽状态的公民社会行为筑起了禁锢的藩篱。这里面固然有社会环境方面等宏观因素（如社会契约精神、法制理念），但更与人们社会责任意识淡薄有关。

---

① 冯梅，范炳龙．国外企业社会责任实践评述与借鉴［J］．生产力研究，2009（22）：164－177.

② 张乐．Facebook创始人荣膺《时代》周刊2010年度人物［EB/OL］.（2010－12－15）［2018－01－13］http：//news. qq. com/a/20101215/002111. html.

（三）对社会责任的需求日益增多

尽管目前许多企业及个人的社会责任意识相对淡薄，但也处于不断觉醒的过程中，对社会责任内涵、社会责任与自身利益（企业利益、个人利益）关联性的理解也日趋增加。如富兰克林（Franklin，2008）曾预测，到 2011 年，公司高层管理者对企业社会责任的关注度将提高到 70%。[①] 2008 年被称为"中国社会责任年"，"5·12"汶川大地震发生后，许多企业和个人参与到社会慈善事业中。尤其是随着一系列影响公众利益的负面社会责任事件的发生，使企业和普通消费者认识到"社会责任"并不是一个远在天边、虚无缥缈的词汇，而是近在眼前、自己利益牵涉其中的真实所在。三鹿奶粉生产商由于不履行基本的社会责任义务、违反企业伦理行为，直接导致企业倒闭；霸王洗发水添加致癌物质二噁英事件、达芬奇家具的假进口事件等虽未致使企业倒闭，但企业声誉受损、利润下降等市场惩罚效果也令当事企业胆战心惊。类似事件的发生，带来的后果往往是企业、行业、消费者、社会四方皆输。例如，三鹿奶粉事件，最终结局是消费者自身利益受损，企业倒闭，奶制品行业声誉受损至今尚未恢复，甚至消费者的不信任心理超越了企业和行业，向全社会蔓延，致使社会整体信任受损。

但经过恶性社会责任事件的惨痛洗礼，社会责任意识开始觉醒。例如社会责任已进入法律层面，如党的十六届六中全会明确指出要"广泛开展和谐创建活动，形成人人促进和谐的局面。着眼于增强公民、企业、各种组织的社会责任"。2006 年 1 月开始实施的新《中华人民共和国公司法》第一章第五条明确规定："公司从事经营活动，必须遵守法律、行政法规，遵守社会公德、商业道德，诚实守信，接受政府和社会公众的监督，承担社会责任。"《中华人民共和国合伙企业法》中对合伙企业及其合伙人也有类似规定。2007 年 12 月 29 日，国务院国有资产监督管理委员会发布了《关于中央企业履行社会责任的指导意见》，指出中央企业履行社会责任的主要内容包括：坚持依法经营诚实守信、不断提高持续盈利能力、切实提高产品质量和服务水平、

---

① FRANKLIN D. Just good business：a special report on corporate social responsibility［J］. The Economist，2008，1（19）：3－6.

加强资源节约和环境保护、推进自主创新和技术进步、保障生产安全、维护职工合法权益、参与社会公益事业八个方面。另外还有其他相关规定如深交所的《上市公司社会责任指引》、上海银监局的《金融机构社会责任指引》、原银监会的《关于加强大型商业银行社会责任的意见》等。

目前无论是企业还是消费者，对社会责任的需求正在日益增强。对企业而言，尽管许多管理者对积极社会责任行为以及对企业利益的正向作用机制尚缺乏深刻理解，但对市场对企业负面社会责任行为的惩罚效果却有真实体会。现在许多企业定期向社会发布社会责任报告，如在财富500强网站上，有超过80%的公司都发布过关于企业社会责任方面的报道［艾斯洛克等（Esrock et al.，1998）］。实际上早在20世纪70年代，一些知名企业如美国通用汽车、瑞士米格罗斯公司等就开始发布社会责任报告。目前，企业社会责任报告的发展速度惊人，据专门统计和公布全球企业社会责任报告的“公司注册者”（Corporate Register）的数据显示，1992年全球仅有26家企业发布社会责任报告，1999年上升到639家，而到2007年则增加到了2698份。到2008年6月，全球企业社会责任报告总数已达到17544份，分别来自105个国家的4468个不同的企业。[①]

对消费者而言，在消费行为中也日益关注企业社会责任行为。如在1999年由威尔士王子等非政府组织实施的一项针对25000人的调查中发现，在被调查者中有17%的人表示曾经拒绝过在他们看来缺乏商业道德厂家的商品。在2000年由国际环境（Environics International）组织的一项范围涵盖23个发达国家的名为“新千年调查”的大型调查结果表明，公众对跨国公司的社会责任预期在日益增加。[②] 实际上，通过货币选票来规避、惩罚企业的不良社会责任行为日益普遍，如付高价购买无环境污染的绿色食品、有机蔬菜等。例如，朝日公司在山东莱阳投资建厂生产品牌名为“唯品”的奶制品，卖点就是无污染、不改变牛奶原有成分、不添加任何添加剂，尽管价格比普通奶制品要贵很多，但销售业绩不错。需要注意的是，目前受经济发展阶段的影响，个人的社会

---

① 冯梅，范炳龙．国外企业社会责任实践评述与借鉴［J］．生产力研究，2009（22）：164－177.

② 谭深，刘开明．跨国公司的社会责任与中国社会［M］．北京：社会科学文献出版社，2003：6－7.

责任需求还处于较低水平，企业的社会责任行为也多处于被动地位，避免犯错以被市场惩罚是大多数企业履行社会责任的理由，很少有企业主动将社会责任视为塑造并维持竞争优势的一种经营战略。

二、理论背景

（一）营销理念凸显社会责任元素

关于企业社会责任研究已不再纠缠于社会责任对企业绩效的简单作用机制方面，基于某一个利益相关者尤其是消费者视角研究社会责任的理论研究越来越多。市场营销领域对企业社会责任的重视可以从美国市场营销协会（American Marketing Association，简称 AMA）对营销定义的修改中看出，营销协会对营销定义的修改体现了注重企业社会责任的倾向。美国市场营销协会于 2004 年发布了新的市场营销定义，取代了发布于 1985 年并沿用了近 20 年之久的旧的市场营销定义。2004 年版的市场营销定义为："市场营销是指通过采用有利于组织和利益相关者的方式，为顾客创造、沟通和传递价值，并管理顾客关系的一项组织功能及一系列过程。"可以看出，该定义较 1985 年版的最大不同在于开始关注利益相关者的利益。新定义一经提出，在学术界便引起了很大反响，鉴于一些学者认为该定义没有全面反映营销领域的范畴，美国市场营销协会于 2007 年又公布了较为宽泛的市场营销定义："市场营销是指创造、沟通、传递和交换对顾客、客户、合作伙伴和整个社会具有价值的提供物的一系列活动、组织及过程。"2007 年版的市场营销定义强调企业的提供物应对整个社会具有价值。总之，2004 年版和 2007 年版的市场营销定义均开始重视和强调市场营销活动应承担超越企业自身单一利益的社会责任。①

---

① WILKIE G T，GUNDLACH W L. Stakeholder marketing：why "stakeholder" was omitted from the American Marketing Association's official 2007 definition of marketing and why the future is bright for stakeholder marketing［J］. Journal of Public Policy & Marketing，2010，29（1）：89 – 92. 2004 年版的市场营销英文定义为"Marketing is an organizational function and a set of processes for creating，communicating，and delivering value to customers and for managing customer relationships in ways that benefit the organization and its stakeholders"；2007 年版的市场营销英文定义为"Marketing is the activity，set of institutions，and processes for creating，communicating，delivering，and exchanging offerings that have value for customers，clients，partners，and society at large"。

（二）社会责任进入营销研究领域

社会责任意识不仅融入营销哲学与理念中，而且成为市场营销研究领域的重要组成部分。自英国学者奥利弗·谢尔顿（Oliver Sheldon）于19世纪20年代提出企业社会责任概念至今已有近200年的历史，这期间，企业社会责任已成为一个重要的研究领域。在该研究领域中，关于企业社会责任与财务绩效关系的研究占据了重要阵地，但并没有取得一致性结论，认为二者呈正相关、负相关，甚至无关联的实证研究都有，其中一个最重要的原因是对企业社会责任与财务绩效关系的内在作用机制（即“黑匣子”）缺乏深入了解。为了深入探究二者关系背后的作用机制，许多学者认识到只有从特定视角来研究二者的关系，即给企业社会责任与财务绩效关系模型增加具体的限制条件和影响变量才能得出有意义的结论，否则关于二者关系的争论还将继续下去。于是一些学者从特定利益相关者视角去进行研究，以探索企业社会责任对具体利益相关者行为的影响。而作为企业利益相关者之一，消费者可以通过其购买行为对企业的财务绩效产生直接影响，因此消费者被视为企业最重要的利益相关者［舒勒等(Schuler et al.，2006)］。近几年来，已有学者从消费者视角来研究企业社会责任，对企业社会责任与财务绩效之间的关系进行了实证研究［布朗（Brown，1998)；韦布等（Webb et al.，2005)；森等（Sen et al.，2004)］，但这类研究还非常匮乏，如森等（2001）发现，在2001年之前，只有四篇文章从消费者视角对企业社会责任进行了实证研究。在中国，该领域的相关研究也非常匮乏，笔者通过在检索中国期刊网发现，在2007年之前只有两篇探讨企业社会责任与消费者行为之间关系的实证文章。[①] 尽管2007年之后类似实证文章逐渐增多，但大多还处于用中国本土数据套用西方理论模型阶段。[②] 因此，从消费者视角去研究企业社会责任，探索消费者对企业社会责任行为的反应机制，

---

① 周祖城，张漪杰．企业社会责任相对水平与消费者购买意向关系的实证研究［J］．中国工业经济，2007（9）：111－118；周延风，罗文恩，肖文建．企业社会责任行为与消费者响应——消费者个人特征和价格信号的调节［J］．中国工业经济，2007（3）：62－69.

② 王晶晶，杨洁珊，胡成宝．企业社会责任的研究现状及未来研究展望——基于CSSCI来源期刊中经济学、管理学类期刊上文章的分析［J］．管理评论，2010，22（8）：96－102；陈宏辉，张麟，向燕．企业社会责任领域的实证研究：中国大陆学者2000—2015年的探索［J］．管理学报，2016，13（7）：1051－1059.

是一个重要的、有潜力的研究领域。

三、问题的提出

企业社会责任，通俗地讲就是要让企业担负起责任，这个“责任”有两层含义，一是作为企业底线的责任，即企业不能突破的红线，如不生产假冒伪劣产品，不欺骗消费者；二是作为竞争优势源泉的责任，即企业通过履行社会责任，为自己赢得良好的声誉和社会资源，从而获得更好的回报。按照弗雷德里克·赫茨伯格（Frederick Herzberg）的双因素理论，第一层责任为企业的保健因素，企业履行该责任，消费者不一定满意，但不履行肯定不满意；第二层责任为企业的激励因素，企业履行该责任，消费者会感到满意甚至高度满意，并且可能为企业回赠额外的利润回报。目前，尽管第一层次的责任更为消费者所熟悉，企业在第一层次责任上失陷更容易成为媒体的关注点，如每年央视“3·15”晚会所披露的问题就属于第一层次责任问题。作为学术研究，本研究更关注的是第二层次的责任，以危机情境下的第二层次责任作为研究视角。因为企业毕竟是一个以盈利为目标的经济组织，单纯的道德说教很难让企业由衷地去践行社会责任，本研究选择企业危机作为研究背景，系统地分析社会责任能否给企业带来实实在在的利益。本研究会涉及对以下问题的探索，即当负责任的企业犯错或面临危机①时，消费者的反应如何？内在的反应机制又是怎样的？总之，本研究的目的就是分析实施社会责任活动是否真的能给处在危机中的企业以实实在在的利益。换句话说，就是研究危机发生前的企业社会责任表现能否为危机中的企业提供减缓危机伤害的“缓冲剂”作用。

目前对危机情境下企业社会责任与消费者反应的研究还处于刚起步阶段，鉴于营销实践中缺乏该方面的理论指导，尤其是中国很多企业还停留在将社会责任视为一种促销手段的阶段，就社会责任对企业可能起到保护作用、危机缓冲作用这一点，尚缺乏深刻理解，因此这方面的研究无疑非常重要。本研究以消费者行为相关理论作为基础，通过对经典及前沿学术文献进行深入

① 企业犯错或面临危机很多情况下又是由于没有完全担负起第一层次责任所造成的。

分析，以及对在校大学生和普通消费者的实际购买体验进行访谈，发现在危机发生后受访者提到了三个关键思考点，于是以这三个关键节点作为依据，将危机发生后消费者的心理反应活动划分为三个阶段，并归纳出每个阶段消费者所关心的问题，即：阶段一，危机发生阶段。消费者最关心的是谁应该为危机事件负责？阶段二，企业作出反应阶段。消费者最关心的是企业的反应合适吗？我信任这个企业吗？阶段三，消费者购买阶段。若消费者想购买类似产品，还会考虑购买该企业产品吗？（见图1－1）

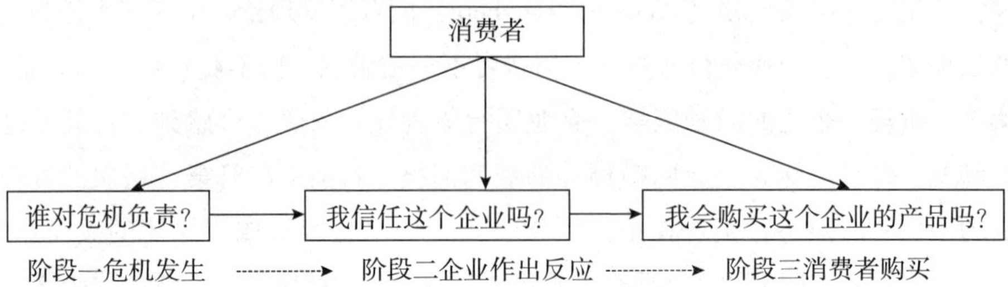

图1－1　危机后三个关键阶段及消费者关心的问题

根据危机事件发生后消费者所思考的这三方面前后关联的问题，本研究再深入探讨若企业在危机发生前参与过社会责任活动，那么通过社会责任活动给企业带来的声誉或良好印象是否会促使消费者对所关心的这三个问题朝有利方向转变。换句话说，在这三个问题上，企业先期社会责任活动是否能起到危机缓冲作用？为此，本研究进行了三个密切关联又具有相对独立性的子研究，以系统地分析危机发生后企业先期的社会责任行为在消费者最关心的这三个问题上是否对企业起到了保护作用。

第二节　研究意义与创新点

一、理论意义

目前西方学术界对企业社会责任的研究已经跳出“企业社会责任与财务绩效之间的关系”这一传统研究领域，进而致力于从特定利益相关方（如顾客、员工）的视角对企业社会责任进行研究。自布朗等（1997）通过实证研究明确证实企业社会责任是构成企业联想的重要维度之后，对企业社会责任与消费者反应机制的研究成为一个新的研究领域，但总体来说，基于消费者视角的企业社会责任研究还相当匮乏。在这些相对较少的研究中，绝大多数是对正常经营环境下企业社会责任行为与消费者反应之间关系的探讨，而对当企业面临危机（自身原因导致或外部环境导致）时社会责任与消费者反应之间的关系却很少涉及。

尽管国内外关于企业危机例如负面营销曝光、产品伤害危机等方面的研究日益增多,[①] 例如关于危机事件的概念与分类［史密斯（Smith et al.，2003），普利格等（Pullig et al.，2006）］、危机事件归因［乔根森（Jorgensen，1994），劳弗等（Laufer et al.，2005），克莱因等（Klein et al.，2004）］、危机事件的应对方式［达瓦尔等（Dawar et al.，2000）］、危机事件的溢出效应［达伦等（Dahlen et al.，2006），雷等（Lei et al.，2008）］以及危机事件对相关变量，如消费者忠诚［凯思琳等（Kathleen et al.，2008）］、消费者态度（王晓玉等，2006）、危险感知［西奥科斯等（Siomkos et al.，1994）；方正，（2007）］、抱怨行为［劳弗等（2005）］、购买意愿［凯思琳等（2008）］等方面的研究，但在这些研究中却很少涉及企业社会责任这一变量。换句话说，正常情境下对企业社会责任与消费者反应的研究已有学者开始关注，研究企业危机对消费者反应的也逐渐增多，但这两个研究领域的交集部分却鲜有人关注，本研究分析危机背景下企业社会责任水平对危机是否具有缓冲作用这一主题，便是取上述两个研究领域交集之意，在理论上具有一定的创新意义。

二、现实意义

在营销学术界，理论研究的推动力来源于企业经营中所遇到的现实问题，而理论成果又可为企业经营提供指导和借鉴意义，本研究正是基于近年来中国企业界频频发生的危机事件，并且很多危机事件还突破了基本的道德底线

---

① 方正，杨洋. 产品伤害危机及其应对研究前沿探析［J］. 外国经济与管理，2009（12）：44－57；王晓玉，晁钢令. 企业营销负面曝光事件研究述评［J］. 外国经济与管理，2009（2）：33－39.

这一事实进行思考的结果。

研究结果显示，企业社会责任投入不只停留在面子工程、形象工程这一浅显层次上，而是会实实在在地给企业带来利益，即对企业未来可能面临的危机有缓冲效应，能减少危机所带来的损失。近年来，中国企业爆发社会责任危机，尤其像三鹿奶粉添加三聚氰胺等恶劣事件的发生，更凸显了有关企业或组织社会责任意识缺失到令人瞠目的程度。目前，中国企业对社会责任的关注还处于浅显层次，许多企业将实施社会责任行为看作是一种负担，对社会责任行为会对消费者产生怎样的影响并不清楚。本研究清楚地阐释了企业社会责任行为与消费者反应之间的关系，为企业履行社会责任，进而通过社会责任行为树立差异化竞争优势提供了理论依据。

另外，本书通过对企业社会责任类型、社会责任水平会对消费者的危机归因及企业的责备程度的影响，企业社会责任对企业危机反应方式与消费者危机地点归因及信任关系的影响，企业社会责任对购买意愿的影响等问题研究之后，得出了一些与传统经验推理不太一致的结论，对企业危机管理实践会有很大的帮助和启示。例如，许多企业在危机发生后选择沉默或“打太极”推卸责任的方式来回应媒体和公众的质疑，但研究结果证明企业明确承担责任并不是一个坏的选择，相反企业可能会给消费者勇于担当、负责任的良好印象，并有可能获得比危机发生前更高的评价，也验证了服务营销中“补救谬论”理论的存在。

三、创新点

首先，本研究对营销领域中的危机管理研究提供了一个新的分析视角。尽管营销危机方面的研究日益增多，但关于社会责任在危机管理中所发挥的作用却很少被提及，因为对消费者行为领域中企业社会责任的研究主要还是集中在企业正常经营的情境下。尽管也有文献对危机情境下的企业社会责任进行过研究，但该类文献非常少，也缺少系统性。本研究以企业危机作为大的研究背景，根据危机发生后消费者心理活动历程的三个重要阶段，分别分析了社会责任行为在不同阶段所产生的危机缓冲效应，研究具有一定的创新性和系统性，也为以后类似的研究提供了一个可供参考的视角。

其次，分析了企业社会责任类型与社会责任水平的交互作用对危机归因的影响。针对社会责任类型与消费者反应、社会责任水平与消费者反应关系的研究已陆续出现，但无论在正常经营环境下，还是在危机情境，尚未有研究针对社会责任类型与社会责任水平二者交互作用对消费者反应的影响进行过探讨，本研究对此进行了分析，具有一定创新性。

再次，在以往关于企业危机管理的研究中，尽管有研究提及企业危机反应方式对消费者行为的影响，但这类研究很少考虑社会责任这一变量。本研究选择信任和危机地点归因作为消费者反应变量，并将企业社会责任水平作为一个重要变量纳入模型中，以分析企业社会责任在危机反应方式与消费者信任及危机地点归因关系中所起到的调节作用。现实经验表明，在危机发生后，即使危机是由企业造成的，很多企业仍不愿意采用“明确承担责任”的反应方式，而是采用“模棱两可”的反应方式，通过不明确承认危机责任方来给自己留有反应余地。本研究下面会分析相比于“明确承担责任”，“模棱两可”是否真的是一种好的反应方式，研究结论具有理论和实践价值。

最后，在正常环境下，企业社会责任对消费者购买意愿、购买行为起到显著影响。本研究分析危机情境下企业社会责任与消费者购买意愿之间的复杂关系，并在模型中引入社会责任支持度、危机严重性感知、顾客认同度等变量，以进一步揭示危机发生后企业社会责任与消费者购买意愿之间的复杂关系。尤其对危机严重性感知这一变量，尽管在危机管理研究中已有文献对该变量进行过考察，但少有研究在社会责任与消费者反应关系中对该变量的作用进行过分析，本研究在该方面具有一定创新。

第三节　研究内容和研究方法

一、研究内容

本研究以企业发生危机作为研究情境，从企业最重要的利益相关者——消费者的视角出发，分析危机发生前企业社会责任行为与危机后消费者反应之间的关系，探析企业社会责任行为是否对危机的不良后果产生一定免疫作用或缓冲作用，如果具有缓冲作用，其前提条件或边界是什么。在消费者行为研究中，关于消费者反应的变量为数众多，本研究对反应变量的选取主要基于危机发生后消费者最关心的三个先后有序而又密切关联的问题而来。

第一，针对危机发生阶段消费者所关心的危机来源问题，进行企业社会责任与归因关系的研究。引入社会责任类型和社会责任水平两个变量，分析二者单独及其交互作用对消费者危机事件归因的影响，并引入企业责备这一消费者反应变量，进一步探究危机事件归因的影响结果。

第二，针对危机发生后消费者会根据企业反应的方式来判断是否信任该企业这一问题，进行危机反应方式与消费者信任关系的研究，并分析企业社会责任水平对二者关系的影响机制。通过梳理近年来中国企业发生的危机案例，发现很多企业试图通过用沉默、回避等模棱两可的方式来推卸自己的责任，这是一种好策略吗？通过“模棱两可”的回应方式真的会让企业撇清自己在危机事件中的责任吗？为了解决这类疑问，在该部分研究中又引入了内部归因这一变量。

第三，针对消费者是否会购买发生危机的企业所生产的产品这一问题，分析了社会责任水平对购买意愿的影响。经验判断，社会责任水平越高，消费者对企业认知越正面，购买意愿理应越高，但危机发生后，这一经验逻辑还存在吗？危机对这一逻辑的影响在哪里，又是通过什么样的机制来发挥影响作用？为了回答这些问题，在模型中引入了社会责任支持度、顾客认同及危机严重性感知三个变量，以剖析企业社会责任对消费者购买意愿的作用机制。

二、框架结构

本研究共包括六章内容，框架结构如图 1－2 所示。

三、研究方法

本研究采用了以文献分析为主的定性研究和以实验性研究（Experimental Study）为主的实证研究相结合的研究方法。

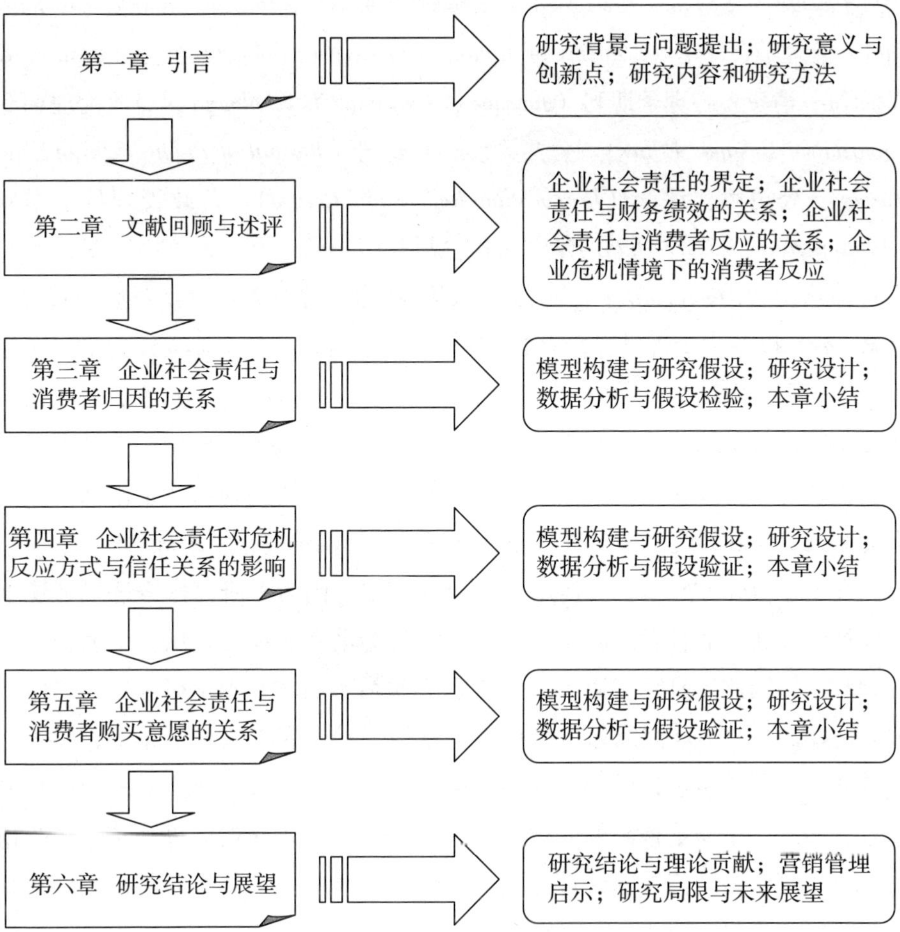

图1-2 本研究框架结构

在文献分析方面，通过检索史蒂芬斯（EBSCO）、科学指南（Science Direct）、埃默洛尔德（Emerald）、威利（Wiley）、施普林格（SpringerLink）、西文过刊全文数据库（JSTOR）、中国学术期刊网（CNKI）、万方数据资源系统、维普中文期刊等中外文学术论文数据库以及利用谷歌（Google）学术搜索等文献检索技术，对包括营销学期刊（*Journal of Marketing*）、营销研究期刊（*Journal of Marketing Research*）、消费者研究期刊（*Journal of Consumer Research*）、营销科学学会期刊（*Journal of the Academy of Marketing Science*）、国际营销研究期刊（*International Journal of Research in Marketing*）、商业研究期

刊（*Journal of Business Research*）、战略管理期刊（*Strategic Management Journal*）、管理学会评论（*Academy of Management Review*）、商业与社会（*Business & Society*）、消费者心理学期刊（*Journal of Consumer Psychology*）、商业伦理期刊（*Journal of Business Ethics*）、公共关系研究期刊（*Journal of Public Relations Research*）、公司声誉评论（*Corporation Reputation Review*）、行政管理科学季刊（*Administrative Science Quarterly*）、商业视野（*Business Horizons*）、宏观营销杂志（*Journal of Macromarketing*）、公共政策与营销杂志（*Journal of Public Policy & Marketing*）以及《管理世界》《中国工业经济》《中国软科学》《营销科学学报》《南开管理评论》在内的三十余种中外文权威期刊进行了检索，共收集高质量文献二百余篇，并对文献进行了细致的归类、梳理和分析，掌握了企业社会责任与消费者反应，以及危机管理等领域内的研究现状及学术前沿，并在此基础上构建研究模型，进行假设推演，解释实证分析结果等。

在实证研究方面，主要运用实验研究方法。因为本研究探索危机情境下企业社会责任与消费者反应的关系，因变量为消费者反应，反映了消费者的心理状态，因此该研究应属于消费心理学领域。而在心理学研究中，实验研究是应用最广泛，研究成果也最切实可靠的一种研究方法（舒华等，2008）。实验研究尤其适用于分析变量之间的因果关系，通过操纵或改变一个变量来观察其给另一个变量带来的变化，并据此探索变量之间的因果关系。实验研究的基本逻辑是：首先确认自变量与因变量的总效应；其次分析总效应在什么时候发挥作用，即找到一个重要的调节变量；最后分析总效应为何发生作用、如何发挥作用，即找到一个重要的中介变量（张莉等，2011）。针对三个子研究主题，本研究共进行了三项实验，通过情景模拟实验法来收集数据，与让消费者回忆自己的亲身经历来填写问卷相比，情景模拟法具有较好的内部效度，可以有效避免由于消费者记忆偏差而带来的效度降低现象。对数据分析、假设检验综合运用了方差分析［包括单因素简单方差分析（One-Way ANOVA）、单变量多因素方差分析（GLM Univariate）、多变量多因素方差分析（GLM Multivariate）、协方差分析（ANCOVA）、独立样本 T 检验、回归分析等方法，以探索危机情境下企业社会责任与消费者反应之间的关系路径，甄别、检验相关中介变量和调节变量在二者关系中所发挥的所用。

四、技术路线

本研究的技术路线如图 1－3 所示。

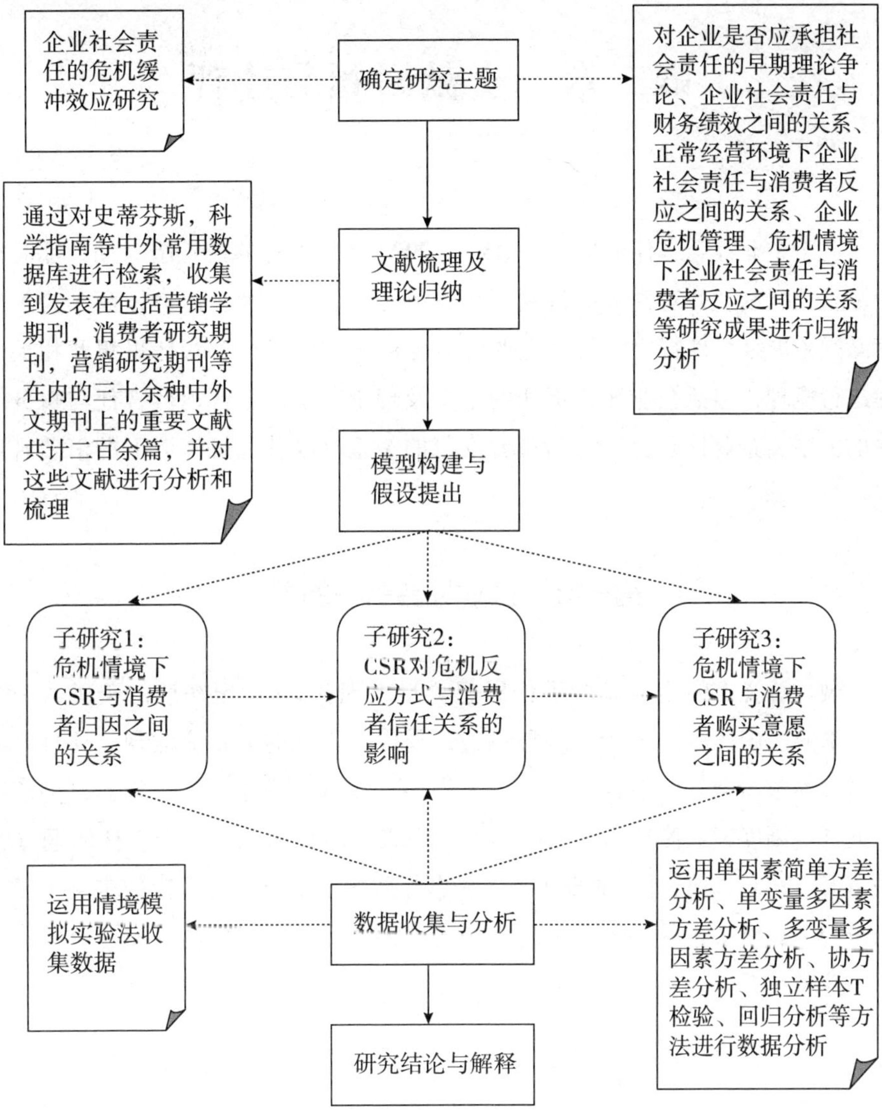

图 1－3 研究技术路线

第二章　文献回顾与述评

关于企业社会责任最早可以追溯到2000多年以前的古希腊时期，那时社会注重社区利益并对商人的逐利行为进行压制，迫于社会压力，商人为了生存必须采取社会性行为。下面主要针对营销领域内的社会责任思想及相关研究进行梳理，包括企业社会责任的定义及理论争论，企业社会责任与财务绩效的关系、企业社会责任与消费者反应的关系，以及危机情境下的消费者反应等方面。

第一节　企业社会责任的界定

现代意义上的企业社会责任思想最早出现在20世纪初期的美国，一方面，那时美国经济的工业化进程迅速，现代意义上的大企业涌现，并且开始出现“两权分离”（即企业所有权与经营权分离）现象；另一方面，美国特殊的社会制度背景使其比其他西方工业国家更加关注企业社会责任问题（沈洪涛等，2007）。自此，涌现出了各种各样的关于企业社会责任的定义，至今尚未统一。至于企业是否要承担社会责任的学术争论，更是百家争鸣，呈现出一片繁荣景象。

一、企业社会责任的定义

美国钢铁集团创始人安德鲁·卡内基早在1899年便在《财富福音》（*The Gospel of Wealth*）一书中指出：“首先，要树立一种谦虚、朴素生活的榜样，避免炫耀和挥霍，为其在法律上需要担负的人们提供适当的物质条件；然后把所有剩余的收入看作是受托资产，他是受托管理人并严格履行管理人的责任；最后这种方式能够产生更大的公共利益——这个富有的人就成为那些贫穷的兄弟姐妹们的代理人和受托人，运用他超凡的智慧、经验和管理能力——比他们自己做得更好。”[①] 尽管他并没有提到“企业社会责任”这个词汇，但他提出的“企业是社会受托人”思想实际上就蕴含了企业社会责任的理念。

作为一个概念，“企业社会责任”由奥利弗·谢尔顿（Oliver Sheldon）于1924年在其著作《管理哲学》（*The Philosophy of Management*）中提出，他将企业社会责任与企业经营者满足企业内外各种人类需要的责任联系起来，并认为企业社会责任应包含道德因素。

企业社会责任的第一个现代定义是由霍华德·鲍恩（Howard R. Bowen）于1953年提出的，是年，鲍恩出版的社会责任方面的划时代著作《商人的社会责任》（*Social Responsibilities of the Businessman*）被认为是现代企业社会责任研究文献方面的发轫之作，它标志着企业社会责任思想的现代研究的开始。在该书中，鲍恩就“商人的社会责任”下了一个定义，即商人根据社会的目标和价值观恰当地制定政策、做出决策以及采取行动的义务［卡罗尔（Carroll，1999）］。自该定义之后，众多来自经济学、管理学、社会学、伦理学等不同领域的学者及相关机构纷纷对社会责任的定义及范围提出见解（见表2－1）。如戴维斯（Davis，1960）认为社会责任是指部分超越企业直接的经济或技术利益之外的有关决策和行动。布鲁默（Brummer，1991）认为企业社会责任与企业的经济责任、法律责任和道德责任相并列。美国经济发展委员会（Committee for Economic Development，1971）则认为经济责任是企业最基本的社会责任，在其提供的描述企业社会责任的同心圆模型（Concentric Circles Model）中，最里圈为企业的基本经济责任，如企业增长、产品、工作等，中间圈指企业在充分认识到不断变化的社会价值观念及其重要性的基础上履行的经济职责，外层圈指企业为了能更主动地融入改善社会环境的行动中去，需要承担的一些新出现的和未完全明晰化的责任［卡罗尔（Carroll，1999）］。在该定义中，经济责任包含在企业社会责任的最里圈，而最外圈无疑属于社会响应范畴。

---

① 马伊里，杨团．公司与社会公益［M］．北京：华夏出版社，2002：207.

表 2 – 1　企业社会责任的代表性定义及思想

代表人物	定义及思想
伯利（Berle，1931）	企业是营利性组织，追逐利润是企业安身立命之所在
赫伯特·西蒙（Herbert Simon，1945）	企业的决策应该考虑价值的方面，承担超越法律之外的责任
鲍恩（Bowen，1953）	社会责任原则指的是一种思想，认为商人自愿承担社会责任是改善经济问题和更好地实现经济目标的可行方法。商人的社会责任是指商人具有按照社会目标和价值观去确定政策、做出决策和采取行动的义务
德鲁克（Drucker，1954，1972）	管理者必须考虑每个商业行为对社会的影响，积极遵守法律，不做危害消费者、员工和社会的事，即使这些事并非法律所禁止
戴维斯（Davis，1960）	如果从在管理学的角度看，企业社会责任是指商人的决策和行动至少有一部分不是出于企业直接的经济和技术利益
弗里德曼（Friedman，1962，1970，1989）	企业唯一责任是在一定的规则范围内追求股东利益最大化
麦圭尔（McGuire，1963）	企业须履行经济和法律责任之外的关心社会福利的义务
曼尼（Manne，1972）	企业社会责任的概念包括三个要素：第一，企业社会责任的支出或行动给企业带来的边际回报低于其他支出的边际回报；第二，企业社会责任行为必须是自愿的；第三，企业社会责任行为必须是企业行为，而不是个人行为
艾尔伯特等（Eilbert et al.，1973）	理解企业社会责任的最好方法是把它看成一个好邻居。一方面，企业不应该做损害邻居的事情；另一方面，它应该自愿承担帮助解决邻里问题的义务
伊尔斯等（Eells et al.，1974）	社会责任代表了一种对超越了纯粹经济目标的社会需要的关心，一种对企业在支持和改进社会秩序方面的广泛的关心
代顿（Dayton，1975）	企业不仅应该实现股东利益最大化而且应该服务社会
卡罗尔（1976）	企业社会责任是社会寄希望于企业履行的义务，社会不仅要求企业实现其经济上的使命，而且期望其能够遵法度、重伦理、行公益。因此，完整的企业社会责任，是企业的经济责任、法律责任、伦理责任和慈善责任之和

续 表

代表人物	定义及思想
诺瓦克（Novak，1983）	企业除获取经济利益之外，还应加强人类合作，保护对人类社会至关重要的自由的道德生态环境
弗里曼（Freeman，1984）	企业负有满足多方面利益相关者利益要求的责任
史密斯（1988）	“企业社会责任”只不过是一种宣传工具而已，这一词语从未对企业的行为标准做出过描述，仅仅是充当企业、管理者及消费者团体之间相互斗争的武器
安德森（Anderson，1989）	企业和社会都采取适当的法律、道德伦理和慈善行动以保护和改善企业和社会作为一个整体的福利
丘宁（Chewning，1990）	作为一个社会机构，企业应该与家庭、教育系统、宗教组织以及别的社会机构合作，帮助改善社会生活和满足社会需要
鲍伊（Bowie，1995）	企业的生存和繁荣离不开社会的资源，企业的税负根本不足以偿还这些资源，企业应该帮助解决社会问题
谢赫（Sheikh，1997）	企业社会责任的概念也许无法准确定义，只能进行描述。企业社会责任遵从两个主要原则：慈善原则和信托原则，前者关心企业在社会上的作用，后者关注管理者对各个利益团体的责任感。慈善原则指企业自己采取行动或者鼓励慈善的行为，解决相应的社会问题，企业不从中得到任何直接的金钱利益；信托原则是指企业管理者是股东、债权人、员工、顾客以及社区的受托人
世界商业可持续发展委员会（2000）	企业持续承诺的企业行为应符合伦理要求，为经济发展做贡献，致力于改善员工及其家庭以及社区和社会整体的生活质量
美国社会责任国际（SAI）	企业社会责任区别于商业责任，它是指企业除了对股东负责，即创造财富之外，还必须对全体社会承担责任，一般包括遵守商业道德、保护劳工权利、保护环境、发展慈善事业、捐赠公益事业及保护弱势群体等
国际劳工组织	企业社会责任是指企业在经济、社会和环境领域承担某些超出法律要求的义务，而且绝大多数是自愿性质的，因此企业社会责任并不仅仅是遵守国家法律

续 表

代表人物	定义及思想
欧盟委员会（2001，2002）	企业社会责任是企业在自愿基础上，将社会和环境问题与企业经营活动结合在一起，与企业和相关利益者的合作结合在一起。企业的作用是通过创造社会所需要的产品和服务，特别是通过持续地创造就业机会，为其所有者和股东创造利润并同时增加社会福利
世界银行	企业社会责任是企业为改善利益相关者的生活质量而贡献于可持续发展的一种承诺
英国政府	企业社会责任是指企业对国家可持续发展目标做出贡献，在生产经营过程中对经济、社会和环境目标进行综合考虑，在自愿基础上采用高于最低法律规定的标准

资料来源：李海芹．企业社会责任与顾客忠诚关系的实证研究［D］．武汉：华中科技大学，2010. 有改动。

卡罗尔（1979，1991）所下的定义被广泛采用，他认为企业社会责任是指在特定时期内社会对企业在经济（Economic）、法律（Legal）、伦理（Ethical）和自由决定（慈善）（Discretionary/Philanthropic）上的期望。在他构建的金字塔模型（见图2－1）中，经济责任是最基本的，离开它，其他责任无从谈起。法律责任被视为企业履行社会契约的一部分，企业必须在法律框架下去追逐利润，否则会造成社会整体利益的损失，法律责任被视为金字塔的第二层。伦理责任涉及法律之外的被利益相关者所期望或禁止的标准或规范等，尽管伦理责任处于第三层，但是必须注意到它与法律责任之间的渗透和互动趋势，如随着商业伦理运动的发展，越来越多的伦理责任被归属到法律责任内。慈善责任处在金字塔的最顶层，履行慈善责任有助于将自己塑造为一个好的企业公民（Corporate Citizenship）。

当然，也有一些学者反对"企业社会责任"的提法。如史密斯（1988）就认为"企业社会责任"由于含义模糊已失去存在的意义，它只不过是一种宣传工具而已。

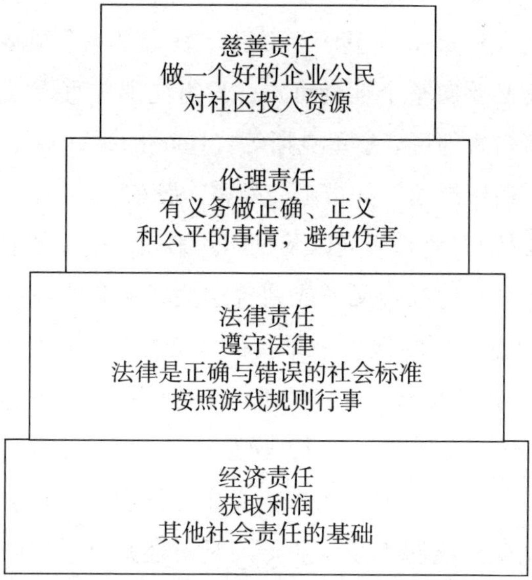

图 2－1　企业社会责任金字塔模型

资料来源：CARROLL A. B. The pyramid of corporate social responsibility：toward the moral management of organizational stakeholder［J］. Business Horizons，1991，34（4）：39－48.

目前，对企业社会责任内涵的争议还未完全结束，但是，在承认这种内涵的模糊性在一定程度上阻碍了企业社会责任理论发展的同时，我们也应看到企业社会责任内涵的模糊性恰恰为社会责任理论体系的发展提供了包容性、开放性，使社会责任研究领域更加活跃。

二、企业社会责任概念的演进

直到目前，尚未有获得学术界一致认同的社会责任概念，关于企业社会责任的概念及内涵自提出那一天起，就一直处在争论、发展和演变中。

迈尼昂等（Maignan et al.，2004）从四个方面就企业社会责任概念的发展脉络进行了简明地归纳。第一，企业社会责任是对整个社会应履行的义务。该观念最早由鲍恩（1953）提出，认为企业社会责任是在实现社会目标和价值过程中应遵循的责任与义务。卡罗尔（1979）在对社会责任进行分类时，也遵循了该观点。第二，企业社会责任是对利益相关者的义务。自 20 世纪 90 年代开始，一些学者认为将企业社会责任视为社会义务的观点太宽泛，不利于企业社会责任的管理。如克拉克森（Clarkson，1995）、唐纳森（Donaldson，1995）、伍德等（Wood et al.，1995）认为，社会是一个很宽泛、模糊和抽象的概念，企业没有必要向整个社会负责，只需向那些直接或间接受企业活动影响的利益相关者负责即可。亨里克斯等（Henriques et al.，1999）将利益相关者分为四大类：组织层面（如员工、顾客、股东、供应商）、社区（如当地居民、特殊利益群体）、管理当局以及媒体。第三，企业社会责任是伦理导向型。将企业社会责任视为社会义务或利益相关者义务的观点暗含了企业社会责任实践受自身利益驱动的观念，即履行社会责任可以使企业获得合法性。斯旺森（Swanson，1995）认为这样的观点不能解释那些不计自身利益的积极的企业社会责任行为。因此，一些学者［如唐纳森等（1995）；斯旺森（1995）］认为应采用伦理导向视角来定义企业社会责任，以便在社会义务或利益相关者义务框架外能够判断企业行为是对还是错。第四，企业社会责任是管理过程。前三种观点实际上都强调了促使企业履行社会责任的因素。一些学者从组织管理过程的观点来阐述企业社会责任，如阿克曼（Ackerman，1975）① 认为企业社会响应应包括三类主要活动，即：检测评估环境条件、关注利益相关者的需求、设计旨在提高企业正面影响力的计划措施。沃蒂克（Wartick，1985）以及伍德（1991）也认为，问题管理和环境评估是企业为取得积极社会责任效应应该着力解决的两个重要管理问题。

莫汉（Mohan，2003）在其博士论文中将企业社会责任的相关概念及演变轨迹进行了分析，如图 2－2 所示。

三、企业社会责任的理论争论

现在管理学者及营销学者对“企业是否需要承担社会责任”这一命题早有结论：企业需要承担社会责任。研究重点也早已转移到社会责任与企业绩效、营销绩效关系的内部作用机制的研究上来，但在早期阶段，学者们对企业是否需要承担社会责任这一问题还持有很多不同意见，且争论相当激烈，

---

① ACKERMAN R W. The social challenge to business［M］. Cambridge，MA：Harvard University Press，1975.

图 2－2　企业社会责任相关概念的演进脉络

资料来源：PORTER M，KRAMER M. The competitive advantage of corporate philanthropy ［C］. Harvard Business Review，2002，80（12）：56－68.

该阶段争论多局限在理论层次上，较少涉及实证研究。

在早期关于企业是否承担社会责任的问题曾产生过两场有影响力的争论。第一场争论是发生在 20 世纪 30 年代的“贝利—多德”论战。当时美国学者贝利与多德（E. M. Dodd）就“企业经理人员是谁的受托人”展开了激烈的争论，争论的实质是企业是否应该承担社会责任。1931 年贝利在《哈佛法学评论》杂志上发表了《作为信托权力的企业权力》一文，认为股东利益高于一切，赚取利润是企业的唯一社会责任，当赋予企业或管理者的权力会对股东利益造成伤害时，应限制此项权力的使用。对此观点，多德于 1932 年发表了《企业管理者是谁的受托人》一文，提出了不同的看法，他认为为股东创造利润并不是企业存在的唯一目的，企业财产的运用深受公共利益的影响，除股东利益外企业还应兼顾对员工、消费者及其他社会公众的社会责任，作为一个经济组织，企业应做到创造利润与服务社会二者兼顾。到了 20 世纪 50 年代后，贝利也由企业社会责任的反对者转变为倡导者。

第二场争论发生在20世纪60年代，贝利和曼尼两位学者对现代企业的作用产生了争论。1962年，曼尼在《对现代企业的“激烈批判”》一文中，驳斥了贝利关于企业需要承担社会责任的观点，认为企业只是一个经济组织，若要承担社会责任则必然会危及自由市场经济，他认为企业应做自己擅长的分内之事，管理者并非一定具备承担社会责任的能力，企业若要在竞争激烈的市场上生存，就不能从事大量非利润最大化的活动，否则可能无法生存。面对曼尼的驳斥，同年贝利在同一期杂志上发表了《企业体系的现代作用》一文作为回应，认为曼尼及其同代人并没有经历过第一次世界大战和1929年的经济危机，曼尼的观点更像是建立在臆测和想象的基础上。同时他还回顾了自己在20世纪30年代与多德的那场争论，认为当时自己并不是反对企业承担社会责任，而是担心企业管理者并不具备这方面的能力，担心企业在承担社会责任时又会回到追逐利润的老路上来，后来随着企业以及社会的发展，自己赞同多德的观点，成为企业社会责任的支持者。

其实对企业社会责任的批判可以追溯到亚当·斯密（Adam Smith）在《国富论》中提到的企业利润最大化理念，并且他认为企业对自身利益的追逐最终也会给社会带来利益，“每个人都不断努力为他自己所能支配的资本找到最有利的用途。固然，他所考虑的不是社会的利益，而是他自身的利益，但他对自身利益的研究自然会或毋宁说必然会引导他选定最有利于社会的用途”“他受着一只看不见的手的指导，去尽力达到一个并非他本意想要达到的目的，也并不因为事非出于本意，就对社会有害。他追求自己的利益，往往使他能比在真正出于本意的情况下更有效地促进社会的利益。我从来没有听说过，那些假装为公众幸福而经营贸易的人做了多少好事。事实上，这种装模作样的神态在商人中间并不普遍，用不着多费唇舌去劝阻他们”。①

自亚当·斯密之后，又涌现出了许多企业社会责任的反对者。一些学者

① 亚当·斯密. 国民财富的性质和原因的研究（下卷）[M]. 郭大力，王亚南，译. 北京：商务印书馆，1974年第1版.

认为，企业承担社会责任是参与政治的一种表现，会获得支配政治、经济和社会的广泛权力，并有可能形成有害的权力实体［莱维特（Levitt，1958）］；企业承担社会责任有悖于自由经济原则，若企业广泛地参与社会活动，将会导致政府干预活动的强化并最终损害自由［哈耶克（1969）］，等等。在后来的众多反对者中尤以诺贝尔经济学奖获得者弗里德曼的观点最具代表性，他在《资本主义与自由》中有一节专门论述了“企业和劳工对社会的责任”，他认为提倡企业承担社会责任的观点是对自由经济性质的一个误解，在自由经济中，“企业仅具有一种而且只有一种社会责任——在法律和规章制度许可的范围之内，利用它的资源从事旨在增加它的利润的活动。这就是说，从事公开的和自由的竞争，而没有欺骗或者虚假之处。公司领导人接受除了尽可能为自己的股东谋利以外的社会责任是一种风尚，而很少有风尚能比这一风尚更能如此彻底地损害我们自由社会的基础”。[①] 很显然，弗里德曼认为企业只有一种社会责任——获取利润，而像现在被广泛谈及的慈善捐助、减少污染（法律要求之外的）、消除贫困及增加就业等则在企业社会责任之外。

企业社会责任的支持者则认为承担社会责任是企业应履行的义务。如管理大师德鲁克认为，企业处于社会之中，管理者必须考虑到企业的政策和行为对社会的影响，企业存在于社会的目的并不是利润最大化，而是创造对社会有用的价值，只有这样企业才能作为社会的一部分存在于社会。在其经典著作《管理实践》一书中，德鲁克提出了企业经营的八大目标，[②] 其中就包括社会责任。以弗里曼等为代表的利益相关者学派[③]则认为企业应对界定清晰的利益相关者担负社会责任。所谓利益相关者是指能够影响企业目标的实现或被企业目标的实现所影响的个人和群体，例如股东、员工、消费者、供应

---

① 米尔顿·弗里德曼．资本主义与自由［M］．张瑞玉，译．北京：商务印书馆，1986：128.

② 八大经营目标：市场营销、创新、人力资源、财务资源、实物资源、生产力、社会责任、利润需求。

③ 自斯坦福研究所（Stanford Institute）于1963年首次提出“利益相关者”（Stakeholder）概念至今，经过众多学者的努力，利益相关者理论已经形成了包括研究方法、分析框架在内的完整的理论体系。尽管曾受到过一些学者的批判，但自20世纪中期以后，应用利益相关者理论研究企业社会责任已经成为学术界的主流。

商、社会和政府等。利益相关者理论为研究企业与社会之间的关系提供了一个很好的范式。该学派认为，在企业发展过程中，利益相关者为企业的生存和发展注入了不同程度的专用性投资，与企业之间存在不同程度的“社会契约”，企业理应考虑他们的利益，并给予相应的报酬和补偿，否则企业的长久生存和发展就会受到威胁。利益相关者学派的社会责任思想很大程度上来源于经济学家罗纳德·科斯（Ronald Coase）的理论，科斯在其1937年发表的论文《企业的经济性质》中指出，企业并非孤立存在，而是存在于广泛的社会联系之中，是一个契约性的存在，企业和利益相关者之间靠正式的和非正式的契约相联系，正是因为这些契约的存在，降低了企业的交易成本，提高了企业效率。科斯的企业契约思想为企业承担社会责任的原因提供了新的视角，即企业不仅是一个经济性存在，也是与社会利益关系相协调的社会性存在，因此，必须承担相应的社会责任（曹凤月，2009）。

值得注意的是，在早期关于企业社会责任的讨论中，很少有学者关注到社会责任的工具效用，即“行善赚钱”，企业将社会责任作为实现企业私利的一种手段、工具，而那些少数关注到企业社会责任工具效用的学者，也多持批判态度，如曼尼（1972）认为，要对企业社会责任与企业的自利行为加以明确区分，企业社会责任行为虽然不一定赔钱，但肯定是少赚了钱。[①] 但现在很多学者则开始从盈利性，即社会责任行为能带来利润回报这一视角来研究企业社会责任，如诞生于20世纪80年代的战略性企业社会责任（Strategic Corporate Social Responsibility）概念就充分体现了企业社会责任的工具内涵。德鲁克（1984）就认为企业的盈利性与社会责任并不一定水火不容，企业可以将其社会责任转化为商机。波特等（Porter et al.，2003，2006）也认为，企业承担社会责任不仅不会损害企业的利润目标，若运用恰当甚至可以帮助企业树立竞争优势，使企业和社会“双赢”，企业完全可以将企业利益与社会利益结合起来，企业在利用自己独特属性满足社会需要的同时，也能为自己谋利，即企业的社会责任行为可以与企业经营目标和战略达成一致，如图2-3所示。

---

① 沈洪涛，沈艺峰．公司社会责任思想起源与演变［M］．上海：上海人民出版社，2007：41.

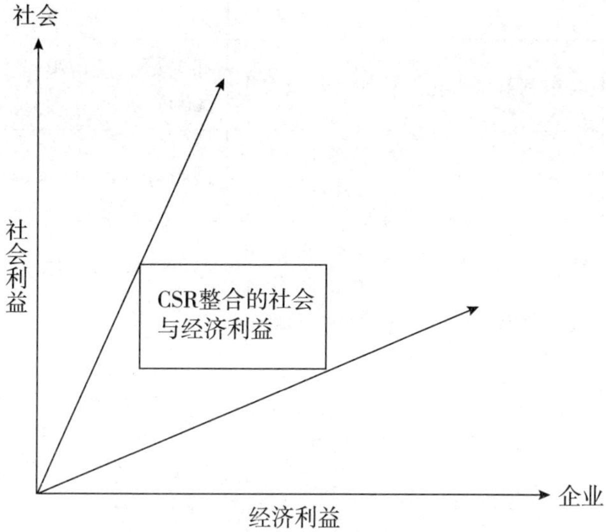

图 2-3　企业利益与社会利益的整合

资料来源：PORTER M，KRAMER M. The competitive advantage of corporate philanthropy［C］. Harvard Business Review，2002，80（12）：56-68.

可以看出，企业社会责任争论的重要原因之一源于社会责任概念的不确定性及企业社会责任边界的模糊性。按照卡罗尔（1979，1991）的企业社会责任定义，其实斯密和弗里德曼都没有完全否定企业社会责任，如斯密认为通过市场"看不见的手"所发挥的作用，个人追逐私利的行为最终将实现社会整体财富的最大化和社会共同利益的增加，即私利和公益在某种程度上是一致的。弗里德曼也强调企业在追逐利润时必须遵守基本的社会规则，既包括法律的，也包括伦理习俗，这本身就是社会责任的重要组成部分。

关于社会责任内涵及企业是否需要承担社会责任的争论，其最大的收获就是，大量的社会责任理论如雨后春笋般涌现出来，表 2-2 是对企业社会责任领域内一些主要理论的总结。所谓真理越辩越明，关于企业社会责任的争论所带来的丰富思想，为日后企业社会责任发展为一个研究领域奠定了重要基础。

表 2－2　企业社会责任相关理论总结

理论类型	方式	主要内容	主要参考文献
工具理论（Instrumental Theories）：注重通过社会活动来实现经济目标	股东利益最大化	长期利益最大化	弗里德曼（1970），延森（Jensen，2000）
	竞争优势战略	在竞争环境中进行社会投资	波特等（Porter et al.，2002）
		基于企业自然资源观以及动态能力的战略	哈特（Hart，1995），李斯特（Lizt，1996）
		经济金字塔底线战略	普拉哈拉德等（Prahalad et al.，2002），哈特等（2002），普拉哈拉德（2003）
	善因营销	以社会认可的利他行为作为市场营销工具	瓦拉达里安等（Varadarajan et al.，1998），默里等（Murray et al.，1986）
政治理论（Political Theories）：注重在政治领域以负责任的方式来行使企业权力	企业宪政	由于拥有社会权力所带来的企业社会责任	戴维斯（1960，1967）
	整合社会契约论	假定在企业和社会之间存在着社会契约	唐纳森等（Donaldson et al.，1994，1999）
	企业公民	企业被视为融入社区的一位公民	伍德等（2002），安德里奥夫等（Andriof et al.，2001），马腾等（Matten et al.，2005①）
整合理论（Integrative Theories）：注重社会需求的整合	问题管理	企业对那些可能对其产生重大影响的社会和政治问题进行响应	塞西（Sethi，1975），阿克曼（1973），琼斯（Jones，1980），沃格尔（Vogel，1986），沃蒂克等（1994）

① 原表中未注明具体年份，只注明“待发表”，笔者在论文数据库中查阅到该论文发表于 2005 年。

续 表

理论类型	方式	主要内容	主要参考文献
整合理论（Integrative Theories）：注重社会需求的整合	公共责任	以法律和现行公共政策作为社会表现的参考	普雷斯顿等（Preston et al.，1975，1981）
	利益相关者管理	平衡企业利益相关者之间的利益	米切尔等（Mitchell et al.，1997，1999），罗利（Rowley，1997）
	企业社会表现	寻求社会合法性，并对社会问题予以恰当响应	卡罗尔（1979），沃蒂克等（1985），伍德（1991），斯旺森（1995）
伦理理论（Ethical Theories）：注重做正确的事情，以实现美好社会的愿望	利益相关者规范理论	对企业利益相关者负有诚信义务。具体实施需要参照相关道德理论（如康德理论，功利主义，正义理论等）	弗里曼（1984，1994），埃文等（Evan et al.，1988），唐纳森等（1995），弗里曼等（2002），菲利普斯等（Phillips et al.，2003）
	普遍权利	对人权、劳工权利、环境权利等一系列权利的诉求	全球苏利文原则（The Global Sullivan Principles，1999），联合国全球契约（UN Global Compact，1999）
	可持续发展	旨在促进当前和后代的人类发展	世界环境与发展委员会（World Commission on Environment and Development，1987），格拉德温等（Gladwin et al.，1995）
	共同利益	以社会共同利益为导向	奥尔福德等（Alford et al.，2002），米尔（Mele，2002），卡库（Kaku，1997）

资料来源：GARRIGA E，MELE D. Corporate social responsibility theories：mapping the territory［J］. Journal of Business Ethics，2004（53）：51－71.

四、文献小结

目前，尽管对企业社会责任的内涵还存在争议，但这种争议已日渐式微。学术界也一直试图对企业社会责任的内涵给出一个清晰的界定，如卡罗尔（1979）提出了一个涵盖社会责任类型、涉及的社会问题以及社会响应模式三个维度在内的社会责任概念模型；伍德（1991）则倾向于从“社会责任原则—社会响应过程—企业行为结果”三方面去界定企业社会责任；克拉克森（1995）则提议用利益相关者理论这一框架去研究企业社会责任，在该框架内，社会责任被界定为“企业与利益相关者之间的关系”。关于企业应否承担社会责任的理论争论也基本停止，学者们的研究重点已从企业要不要承担社会责任转向如何承担社会责任这一方向上来。

实际上，企业社会责任研究领域犹如大海一样宽阔，它海纳百川，包容了各种各样的思想。尽管在早期并没有一个界定清晰的、可被广泛接受的定义供学者们运用，以至出现“百家争鸣”的现象，但这并没有阻碍企业社会责任思想的日益流行和深入人心，正是这些理论上的争论，使企业社会责任成为学术研究领域的一块重要阵地，也使人们愈加认识到社会责任对企业及社会的重要性，企业社会责任的内涵也在争论中日渐清晰，关于企业社会责任的研究成果也日渐枝繁叶茂。

第二节　企业社会责任与财务绩效的关系①

自弗里德曼（1962，1970）提出企业的唯一社会责任就是创造利润以来，企业社会责任与财务绩效（Corporate Financial Performance，简称 CFP）之间的关系一直为众多学者所关注。这主要基于以下两方面原因：第一，企业所处环境正在发生变化，要求企业承担更多社会责任的呼声日益增高；第二，倘若明晰了企业社会责任与财务绩效之间的关系，则能为企业进行社会责任

① 吴晓云，李海廷，张峰．企业社会责任与财务绩效不确定性关系研究：一个分析框架［J］．学术交流，2011（2）：60－63.

活动提供理论依据。企业社会责任与财务绩效二者之间的关系之所以被争论，很大原因在于企业社会责任对财务绩效的影响往往是间接的，不易直接体现。例如，企业社会责任对企业绩效的影响很多情况下是通过声誉（Reputation）这一变量来进行，而声誉则源于企业在满足多种利益相关者需求时所取得的成功。良好的声誉能给企业带来丰厚的回报，如弗布伦等（Fombrun et al.，1990）发现，良好的企业声誉能使企业抬高产品价格、更有机会接近资本市场、吸引更多的投资者等。实证研究结果也发现，企业对社会事业贡献越大，其声誉就越好。企业声誉又与品牌意识（Brand Awareness）密切相关，好的企业声誉有助于品牌差异化的实现，有助于企业树立差异化的竞争优势。在上述例子中可以看出一个清晰的作用链条，即企业社会责任对企业声誉产生影响，企业声誉又对品牌意识产生影响，而品牌意识则可以帮助企业获得差异化竞争优势，最终影响到企业财务绩效。因此，通过厘清企业社会责任与财务绩效之间的作用机制，无论是对社会责任理论研究的深入开展，还是对社会责任活动实践的有效实施，都具有重要意义。

一、企业社会责任与财务绩效关系的总体结论

尽管过去几十年间出现了大量针对企业社会责任与财务绩效关系的实证研究成果，但并没有取得一致性结论［格里芬等（Griffin et al.，1997），马戈利斯等（Margolis et al.，2003），奥利茨基等（Orlitzky et al.，2003）］，认为二者存在正相关、负相关，甚至无关联的实证研究都有。

如格里芬等（Griffin et al.，1997）分析了发表于1972—1994年的51篇关于企业社会责任与财务绩效关系的实证文章，发现有33篇文章认为二者存在正相关关系，19篇文章认为二者存在负相关关系，另外9篇文章认为二者无显著关系（见表2－3）。马戈利斯等（2003）梳理了发表于1972—2002年关于企业社会责任与财务绩效关系研究的127篇实证文章，发现在109篇以企业社会责任作为自变量的文章中，有54篇文章认为企业社会责任与财务绩效存在正相关关系，有7篇文章认为存在负相关关系，有28篇文章认为无显著关系，有20篇文章认为存在混合关系，而在22篇以企业社会责任作为因变量的文章中，有16篇文章认为二者存在正相关关系，有4篇文章认为既有正相关又有负相关关系。

表 2-3　　企业社会责任与财务绩效关系的研究结论

正相关	无关或没有结论	负相关
20 世纪 70 年代（16 项研究）		
莫斯科维茨(Moskowitz,1972) 布兰格登等(Bragdon et al.,1972) 鲍曼等(Bowman et al.,1975) 艾尔伯特(1975) 莫斯科维茨(1975) 贝克奥伊(Belkaoui,1976) 弗赖伊等(Fry et al.,1976) 海因策(Heinze,1976) 斯特迪文特等(Sturdivant et al.,1977) 英格拉姆(Ingram,1978) 鲍曼(1978) 斯派塞(Spicer,1978)	福格勒等(Fogler et al.,1975) 弗赖伊等(1976) 亚历山大等(Alexander et al.,1978) 阿伯特等(Abbott et al.,1979)	万斯(Vance,1975)
20 世纪 80 年代（27 项研究）		
安德森等(1980) 陈(Chen et al.,1980) 凯迪亚等(Kedia et al.,1981) 弗赖伊等(1982) 弗里德曼等(1982) 伍德等(1984) 纽格林等(1985) 古德曼等(Goodman et al.,1986) 罗克内斯等(Rockness et al.,1986) 考恩等(Cowen et al.,1987) 斯潘塞等(Spencer et al.,1987) 木卡其等(Wokutch et al.,1987) 勒纳等(Lerner et al.,1988) 麦圭尔等(McGuire et al.,1988)	安德森等(1980) 弗里德曼等(1982) 英格拉姆等(1983) 奥佩尔等(1985) 弗里德曼等(1986)	陈等(1980) 凯迪亚等(Kedia et al.,1981) 埃克博(Eckbo,1983) 斯特罗恩等(Strachan et al.,1983) 谢恩等(Shane et al.,1983) 威尔(Wier,1983) 伍德等(1984) 贾雷尔等(Jarrell et al.,1985) 古德曼等(1986) 普鲁伊特等(Pruitt et al.,1986) 戴维森等(Davidson et al.,1987,1988) 霍弗等(Hoffer et al.,1988) 麦圭尔等(1988) 勒纳等(1988)

续 表

正相关	无关或没有结论	负相关
20 世纪 90 年代（8 项研究）		
霍尔曼等(Holman et al. ,1990) 莫里斯等(Morris et al. ,1990) 科菲等(Coffey et al. ,1991) 里亚希贝尔卡维(Riahi - Belkaoui,1992) 哈特等 1994) 约翰逊等(Johnson et al. ,1994) 沃多克等(Waddock et al. , 1994)		希尔等(Hill et al. ,1990) 霍尔曼等(1990) 科菲等(1991)

资料来源：GRIFFIN J J, MAHON J F. The corporate social performance and corporate financial performance debate: Twenty five years of incomparable research [J] . Socia Science Electronic Publishing, 1997, 36 (1): 5 -31.

尽管鉴于研究结果的不一致性，有学者［如罗利等（Rowley et al. , 2000］曾呼吁停止对企业社会责任与财务绩效关系的研究，但目前相关研究并没有停止的迹象［沃尔什等（Walsh et al. , 2003)］。

二、企业社会责任与财务绩效关系不确定的原因

由于实证研究结论的不一致，给企业的管理实践造成了很大影响，它不能为企业管理者进行社会责任活动提供明确的指导［麦克威廉斯等（McWilliams et al. , 2001)］，因此有必要对这些实证研究出现不一致结论的原因进行分析。除了以前所述企业社会责任的内涵界定不清晰外，主要原因有以下两方面。

（一）研究方法存在缺陷

主要表现在两方面。一方面，两者在统计方法上存在缺陷。奥利茨基等(2003）对一些学者所采用的实证研究方法进行了批判，认为过去许多实证研究所采用的分析方法从统计学上讲是有缺陷的，研究结果的差异在很大程度上是由于对样本误差、衡量误差认识不足造成的，并认为研究结论不一致的原因有 15% ~

100%是由利益相关者类型不匹配、样本误差及衡量误差造成的。

另一方面，模型构建上存在缺陷。模型构建中存在的问题主要是由于企业社会责任与财务绩效二者之间的关系太复杂，一些实证研究之所以出现不同的结论，主要是未对前提条件进行限制，主要表现在对其他影响变量的遗漏或忽视上。对企业社会责任与财务绩效关系的研究要置于一定的条件之下，否则模型会过于宽泛以致得不出实质性结论［罗等（Luo et al.，2006）］。另外，对其他财务绩效影响变量的遗漏或忽视或未加以控制也是产生无效结论的原因［伍德等（1995）］。麦克威廉斯等（2001）对企业社会责任与财务绩效研究中常用的回归分析模型提出了质疑，认为若充分考虑研发和产业广告强度两个维度，则企业社会责任与财务绩效的关系就会发生改变。苏罗卡等（Surroca et al.，2005）也强调了企业资源、企业能力等影响变量在企业社会责任与财务绩效模型中的重要性，并认为企业社会责任与财务绩效之间虚假关系的存在是由于二者与企业资源、企业能力有密切的关系。

（二）衡量指标设置与数据处理存在问题

主要表现在三个方面。第一，各研究中应用的衡量指标不统一。如表2－4所示，几个实证研究中在企业社会责任、财务绩效的衡量指标选择上不尽相同，差别较大。奥利茨基等（2003）曾将以往研究中应用的衡量指标进行过统计，他将财务绩效的衡量指标归纳为三大类，即市场指标、会计指标和感知指标。又将企业社会责任的衡量指标归纳为四类，即社会责任披露、社会责任声誉排名、社会审计及企业内社会责任的原则和价值观。格里芬等（1997）则通过对51篇文献的分析发现衡量财务绩效的指标多达80种，其中有70%的指标在这些研究中只被使用过一次。衡量指标的差异化既不利于同类研究之间的相互比较，这也是产生不一致结论的重要原因。例如，同样是衡量财务绩效，财务利润和股票市场价值两个指标可能会导致不同的结论，前者着眼于企业过去经营业绩，而后者则面向未来［罗等（2006）］。奥利茨基等（2003）的研究也显示企业社会责任与以会计指标衡量的财务绩效的关联性要高于以市场指标衡量的财务绩效，以声誉指数为衡量指标的社会责任与财务绩效的关联性要高于其他衡量指标的社会责任。

第二，指标设置不当。如佩洛扎（Peloza，2006）认为许多实证研究中关于企业社会责任/财务绩效的衡量指标设置忽视了企业社会责任的担保价值（Insurance Value）及其长远影响。伍德等（1984）认为资产使用年限（Asset Age）是一个非常重要的财务绩效考核指标，过去许多研究在忽略该指标情况下得出企业社会责任与财务绩效正相关的结论是缺乏说服力的。伍德等（1995）也特别强调了在研究中注意利益相关者类型与各自的企业社会责任、财务绩效衡量指标的匹配问题。

表 2-4 企业社会责任与财务绩效关系实证研究举例

研究名称	企业社会责任（CSR）衡量	财务绩效（CFP）衡量	结论
格里芬等（1997）	Fortune（财富）声誉排名，KLD 评价，① 企业慈善评价	ROA，ROE，ROS	正相关
爱泼斯坦等（Epstein et al.，2002）	环境保护及对待员工方面的声誉	股票价格	正相关
奥佩尔等（1985）	卡罗尔（1979）的 CSR 定义	ROA	不相关
弗布伦等（1990）	Fortune（财富）声誉排名	利润，股票价格	不相关
苏罗卡等（Surroca et al.，2005）	CSR 指数	MVA	不相关
万斯（1975）	企业社会责任排名	股票价格	负相关
赖特等（Wright et al.，1997）	撤离南非事件	股票价格	负相关

① KLD 指数由财务公司 Kinder，Lydenberg，Domini&Co. Inc 所开发，该指数通过八个维度来评价企业的社会责任表现，包括社区关系（Community Relations）、员工关系（Employee Relations）、环境（Environment）、产品（Product）、对待妇女和少数民族的态度（Treatment of Women and Minorities）、军事契约（Military Contracts）、核力量（Nuclear）、南非参与（South Africa Involvement）等。

续 表

研究名称	企业社会责任（CSR）衡量	财务绩效（CFP）衡量	结论
鲍曼等（Bowman et al.，1975）	企业社会责任披露情况	ROE	复合关系①
罗等（Luo et al.，2006）	财富（Fortune）声誉排名	Tobin's q（托宾q比率），股票回报	复合关系②
巴尼特等（Barnett et al.，2006）	社会责任覆盖范围	RAP	复合关系③

注：表中ROA、ROE、ROS分别表示资产回报率（Return on Assets）、股本回报（Return on Equity）、销售回报率（Return on Sales）；MVA指市场增加值（Market Valued Added）；RAP指风险调整值（Risk – Adjusted Performance）。

第三，数据的采集与处理环节存在问题。包括样本问题（如数量少、可靠性低）、数据质量问题（如未进行风险调整、数据时间跨度不统一、数据与衡量指标不匹配）、数据处理方法问题（如未进行显著性检验或显著性水平低）等[阿洛等（Arlow et al.，1982），奥佩尔（1985）]。

关于造成企业社会责任与财务绩效关系实证研究结果不一致的原因，一些学者也曾做出过总结，如鲁夫等（Ruf et al.，2001）从理论和方法方面总结了五方面原因：（1）缺少理论基础；（2）缺少一套全面而又系统的衡量企业社会责任的指标；（3）在方法上缺乏缜密性；（4）样本规模和结构方面的限制；（5）社会责任变量和财务绩效变量不匹配等。并针对这五个方面提出了相应的解决方案：针对原因一，可运用利益相关者理论作为理论基础来解决；针对原因二，可以采用多维度的、针对多个利益相关者的综合指标来衡量企业社会责任，并且对企业社会责任的衡量要考虑时间因素，另外还要反映社会投资者（Social Investors）的价值判断；针对原因三，可以通过控制与

① 相对于企业承担过多或过少的社会责任而言，中等程度的社会责任与高利润的关联性较大，故企业社会责任与财务绩效之间存在U型（Curvilinear）关系。

② 企业社会责任与财务绩效即可正相关，也可负相关，取决于企业能力（corporate abilities）。

③ 企业社会责任与财务绩效之间既不是严格的负相关关系，也不是严格的正向关系，而是U型关系，财务绩效随着社会责任强度的增加呈现先下降后增长的趋势。

企业财务绩效有关的外生变量（如以前财务绩效、规模及所处行业等），以及采用企业社会责任的变化值而非静止的社会责任水平指标等手段来解决；针对原因四，可以运用能够提供大规模数量企业（如标准普尔500指数）社会责任表现数据的数据库来解决；针对原因五，可以根据伍德等（1995）所提出的建议，即基于特定利益相关者来界定企业社会责任，并采用适用于该利益相关者的财务绩效指标来解决社会责任与财务绩效变量不匹配问题。

三、企业社会责任与财务绩效的关系机制

关于企业社会责任与财务绩效之间关系的争论还将继续下去，尽管对以往众多实证研究的综合分析表明，只有很少的研究证明二者存在负相关关系，更多的研究认为二者之间存在正相关关系，但也应注意这一概括性结论可能具有欺骗性［沃尔什等（2003），奥利茨基等（2003）］。实际上，无论从理论、方法还是研究过程看，企业社会责任与财务绩效的关系是复杂的，如一些研究发现二者之间呈现复合关系（见表2-4）。综合以往学者对企业社会责任与财务绩效关系的研究结果，笔者构建了一个关于二者关系的概念性模型，以探究二者关系的实质，并说明二者关系的复杂性。

（一）企业外部环境①与企业社会责任的关系

为了更好地进行说明，将企业社会责任分解为三个维度，即原则、响应和政策（结果）［伍德（1991），沃蒂克等（1985）］。首先，外部环境会对企业的社会责任理念或原则产生影响（过程①），如随着环境恶化、资源过度消耗等社会问题的突出，要求企业承担社会责任的呼声日益增高。② 其次，企业会通过社会响应过程（CSR_2）对外部环境进行回应（过程②），包括对外部环境进行分

① 在该模型中将外部环境定义为企业利益相关者。内部环境主要指企业的软因素方面，如企业战略、决策机制、企业文化、管理者决策风格等。

② 目前世界上有许多针对企业社会责任的标准、准则及组织等，社会责任衡量标准如美国的道琼斯可持续发展指数（Dow Jones Sustainability Indexes）、纳斯达克社会表现指数（KLD—Nasdaq Social Index）等。与社会责任相关的认证有ISO 14000、ISO 9000、SA8000（美国）、A1000（英国）、SM2000（德国）等。针对企业社会责任的政府组织及民间组织几乎各国都有，如美国的环保署（EPA）、就业平等委员会（EEOC）、职业安全卫生管理局（OSHA）及消费品安全委员会（CPSC），中国的消费者协会等。引起人们重视的著名报告及书籍有《我们共同的未来》《全球协议》《增长的极限》《寂静的春天》等。

析、对利益相关者进行管理、对社会问题进行管理等［伍德（1991）］。根据外部环境的实际情况，不同的企业可能会采取不同的社会响应策略，如消极反应型（Reactive）、防御型（Defensive）、适应型（Accommodative）、预见型（Proactive），即所谓的 RDAP 模式［沃蒂克等（1985）］。

（二）企业社会责任概念的复杂性加剧了 CSR－CFP 关系的不确定性

关于企业社会责任的内涵及相关模型至今仍未取得一致性结论，作为一个具有争议性的概念，企业社会责任本身所具有的复杂性（过程③）是导致企业社会责任与财务绩效关系不确定的重要原因。不同类型的企业社会责任对财务绩效的影响是不同的。如那些旨在与利益相关者建立互信、合作关系的社会责任行为会与财务绩效呈正相关关系，因为建立在互信和合作基础上的契约会降低代理成本、交易成本和团队协作成本，从而给企业带来竞争优势，而建立在非互信、合作基础上的企业社会责任则不能带来竞争优势［琼斯（1995）］。伯曼等（Berman et al.，1999）通过实证研究发现不同的社会责任导向，即战略性利益相关者管理（Strategic Stakeholder Management）和规范性利益相关者管理（Intrinsic Stakeholder Commitment），对企业财务绩效的影响也不同，研究还发现不同的利益相关者关系变量对财务绩效的影响也不同，在 KLD 变量中只有员工关系和产品安全/质量两个变量对财务绩效有正向显著关联作用。不同的企业，其社会责任对财务业绩的影响不同，因此在管理实践中就需要对社会责任进行分类管理，如克拉克森（1995）根据与企业经营活动的密切程度将利益相关者划分为首要利益相关者和次要利益相关者，波特等（2006）也提供了一个可操作的框架，均可为企业管理提供借鉴。

（三）企业社会责任对财务绩效的直接和间接作用

鲍曼等（1975）很早就提出在企业社会责任与财务绩效关系背后，究竟隐藏着怎样的机制？他们认为不能将企业社会责任简单地看作是影响财务绩效的原因，企业社会责任只是贯穿于企业所有业务之中并能为企业带来更多利润的管理方式的符号。企业社会责任与财务绩效之间的复杂关系表现在企业社会责任是通过直接作用和间接作用对财务绩效发挥影响的，这一论点在伯曼等（1999）的实证研究中得到了证实。直接影响作用（过程④）表现在社会责任可以为企业带来竞争优势，如对企业所处自然环境做出响应可以提高企业效率、降低运营成本［拉索等（Russo et al.，1997）］，与周围社区保持良好关系可以为企业带来税收优势，以及当地劳动力素质的提高［沃多克（1997）］，良好的社会责任表现可以为企业带来好的声誉［弗布伦等（1990）］等。

企业社会责任与财务绩效关系的复杂性更多是由于企业社会责任对财务绩效的间接影响作用（过程⑤—⑥）所致。根据战略管理理论，企业内部的组织资源会对企业的战略和组织绩效具有影响作用［巴尼（Barney，1991）］。同样，企业内部因素也会对企业社会责任与财务绩效关系形成影响。一方面，企业社会责任对财务绩效的影响作用受到一些其他影响变量的影响和调节；另一方面，企业社会责任通过影响其他变量（如企业战略）与财务绩效的关系来对财务绩效发挥间接影响作用。① 如企业的社会责任观会影响企业的决策过程，进而影响财务绩效。例如若以"工具性"观点来看待企业社会责任，② 则企业会把承担社会责任当作一种实现企业目标的工具，若以"规范性"观点来看待社会责任，则企业会认为承担社会责任是分内之事。伯曼等（1999）的实证研究证明这两种不同的社会责任观会导致不同的财务绩效。

对企业社会责任与财务绩效关系背后机制的关注，使许多学者认识到只有从特定视角来研究二者的关系，即给企业社会责任与财务绩效模型增加具体的限制条件和影响变量才能得出有意义的结论，否则关于二者关系的争论还将继续下去。如罗等（2006）将顾客满意、企业能力作为企业社会责任与财务绩效关系模型的中间变量，最终发现二者存在复合关系（见表2－4）。舒勒等（2006）则从消费者视角研究企业社会责任与财务绩效关系，增加了消费者道德价值观和企业社会责任信息强度两个变量，并提出了九条假设。拉索等（1997）在研究企业社会责任与财务绩效关系时则考虑了产业增长（Industry

① 伯曼等（1999）构建的战略性利益相关者管理模型和规范性利益相关者管理模型中可以看到这两种间接影响的作用。

② 唐纳森等（1995）将利益相关者理论划分为三类，即描述/实证型（Descriptive/Empirical）、工具型（Instrumental）、规范型（Normative），分别研究"发生了什么"（What happens?）、"在一定条件下发生什么"（What happens if?）、"应该发生什么"（What should happen?）等问题。琼斯（1995）根据利益相关者概念、经济理论、行为科学及伦理学进一步提出了工具性利益相关者理论（Instrumental Stakeholder Theory）。

Growth）这一中间变量，发现产业增长越高的行业，环境绩效与经济绩效之间的正相关关系就越强。伯曼等（1999）则充分考虑了企业战略和企业运营环境（环境不确定性、组织结构条件）这两个变量。阿洛等（1982）则强调了企业社会响应应考虑组织结构（Corporate Structure）这一变量。

另外，该模型还表明了企业内部环境对企业社会责任的影响作用（过程⑦）以及财务绩效对企业社会责任也具有反作用（过程⑧），即二者呈相互影响的双向关系。[1] 企业财务业绩越高，它投入社会责任领域的资金就越多，投入高的企业社会责任又会给企业带来高的财务回报（奥利茨基等，2003）。

四、企业社会责任与财务绩效关系的运用

通过模型可以看出企业社会责任与财务绩效关系的复杂性，它受到企业外部环境和内部环境的影响。因此在管理实践中，企业也必须超越二分法看待二者关系，不要简单地认为承担社会责任就会促进或损害财务业绩，必须认识到二者之间并非简单的线性关系。另外，还要将二者关系放在一个大的企业环境下考虑，充分认识到二者关系的复杂性及横亘在二者关系之间的调节变量、中介变量以及背后的作用机制（见图2－4）。

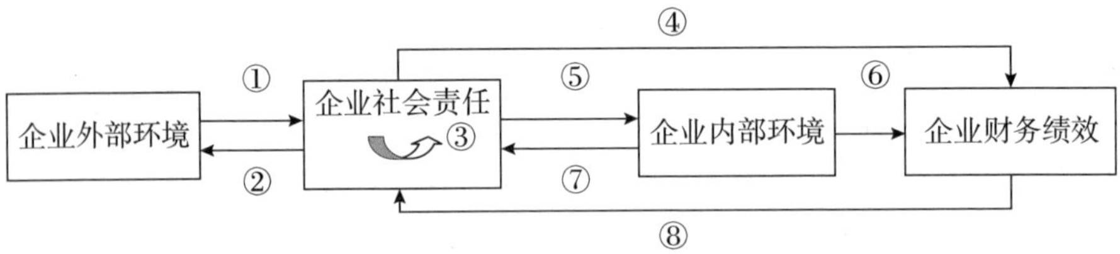

图2－4　企业社会责任与财务绩效关系的解释模型

正是由于企业社会责任与财务绩效二者之间这种至今尚处于学者争论中

① ［美］阿奇·B. 卡罗尔，安·K. 巴克霍尔茨．企业与社会：伦理与利益相关者管理（第五版）［M］．北京：机械工业出版社，2004：38. 书中关于社会责任与财务绩效的关系可以归纳为三种观点，观点一认为好的企业社会责任表现可以导致好的财务绩效；观点二认为好的财务绩效导致好的企业社会责任表现；观点三认为二者之间为相互影响关系。尽管观点一和观点二认为社会责任与财务绩效之间为单向关系，但若考虑到企业声誉这个变量，则二者之间为间接的双向关系。因此这三种观点均暗含了企业社会责任与财务绩效之间相互影响的双向关系。

的复杂关系，在管理实践上就需要企业转变对企业社会责任的浅显认识并且对企业整体战略进行相应调整。从图2－4可以看出，企业战略作为企业内部环境的重要变量，对企业社会责任及财务绩效均有重要影响。其实所谓企业社会责任无非是企业对“企业—社会”之间的关系所持的态度及相应的行为。许多企业往往把“企业”与“社会”放在对立的位置上，认为二者之间是“零和”游戏（Zero-Sum Game）关系。既然企业无法回避社会责任，怎样才能使企业在承担社会责任的同时又能提高自身竞争力？卡罗尔（1991）主张企业必须将社会目标、程序及对伦理的敏感性等贯穿到企业的所有决策制定及行动中。戴维斯等（1980）也认为企业实施社会责任行为与谋求自身利益二者目标是相一致的，并非对立关系。① 波特等（2006）也持相同观点，认为许多企业在履行社会责任时未取得理想的组织绩效是由两方面原因所致：一是将本来互相依存的企业和社会放在对立的位置上；二是没有将企业社会责任与企业战略相融合。由于企业与社会存在着相互依存关系，因此企业的业务决策及社会责任政策必须遵循“共享利益”（Shared Value）原则，即企业决策必须兼顾企业与社会两方面，片面追求某一方面利益（如企业利益）会损坏二者长期的利益，因此他们主张将社会责任融入企业战略框架中，从而实现在履行社会责任同时实现企业自身利益的提高。

企业应该怎样实施基于社会责任的战略调整以保持竞争优势？波特等（2006）提供了一个可供实践的参考模式。第一，辨别企业与社会的相互作用点。二者的相互作用以两种方式体现，即“由外及里”方式和“由里及外”方式。第二，选择企业需要关注的社会问题。波特将社会问题分为三类，一般问题、受企业业务影响的问题和影响企业竞争力的问题。企业需要评价这三类问题对自己的影响。第三，创建社会责任计划。该计划应对利益相关者负责，但又不止如此，它应致力于强化企业战略并取得竞争优势。波特等（2006）将企业社会责任分为响应性（Responsive CSR）和战略性（Strategic CSR），后者是企业应特别关注的。第四，将企业的内部实践（企业价值链创新）与外部实践

① ARLOW P，GANNON M J. Social responsiveness，corporate structure，and economic performance［J］. Academy of Management Review. 1982（7）：235－241.

（解决限制企业竞争优势的社会问题）相结合。第五，创建一个好的基于社会维度的企业价值主张。

五、文献小结

不管是理论争论阶段还是实证研究阶段，关于企业社会责任与财务绩效之间的关系至今没有定论，这既有企业社会责任概念本身界定不清晰的原因，更有研究方法上的问题。以往研究大多关注企业社会责任对财务绩效的直接影响关系，而对二者之间的间接影响作用及其他影响变量则考虑较少。通过构建的概念性模型可以看出，影响二者关系的内外部因素众多，若不对相关影响变量加以控制或限定，很难得出一个令人信服的结论。对企业社会责任与财务绩效关系背后机制的关注，使许多学者认识到只有从特定视角来研究二者的关系，即给企业社会责任与财务绩效模型增加限制条件和影响变量才能得出有意义的结论，这也是今后的研究趋势所在。

既然企业社会责任与财务绩效之间并不是简单的线性关系，企业社会责任也不是简单地对财务绩效产生直接影响，二者关系要受到企业外部环境和内部环境等众多变量和因素的影响，因此在管理实践中，企业也必须超越二分法去看待二者关系，不要简单地认为承担社会责任就会促进或损害财务业绩。另外，还要将二者关系放在一个大的企业环境下考虑，充分认识到二者关系的复杂性及横亘在二者关系之间的调节变量和背后的作用机制。但是不管二者关系如何，社会责任对企业经营活动的影响是客观存在的，并且市场通常不会去惩罚承担社会责任的企业（奥利茨基，2003），因此，企业必须对社会责任予以足够重视。由于企业社会责任与财务绩效二者这种至今尚处于学者争论中的复杂关系，在管理实践上就需要企业转变对企业社会责任的认识并且对企业整体战略进行相应调整，将社会责任融入企业战略框架中，从而在履行社会责任的同时实现企业自身利益的提高。

第三节　企业社会责任与消费者反应的关系

以往关于企业社会责任的实证研究主要集中在社会责任与企业绩效两者间关系的研究上，基于利益相关者视角尤其是消费者视角来研究企业社会责任方面的实证文献还非常少。① 自20世纪90年代开始，陆续有一些研究开始关注企业社会责任对具体利益相关者反应的影响。因为消费者拥有货币投票权，能通过购买行为对企业财务绩效产生直接影响，因此被认为是企业最重要的利益相关者［米切尔等（1997），舒勒等（2006）］，企业之间的竞争也最终会体现在获取和保留消费者的竞争上，因此目前无论学术界还是企业界都非常关注企业社会责任对消费者反应的影响。

在众多关于企业社会责任与消费者反应关系的实证研究中，为了深入探究二者的关系机制，并考察变量之间的交互效应，研究者往往在同一个研究中采用两个甚至更多消费者反应变量，如莫尔等（2005）采用购买意愿、企业评价两个变量；汉德尔曼等（Handelman et al.，1999）采用购买意愿、口碑、抵制意愿、支持开设新店意愿等多个消费者反应变量。为了论述的条理性和清晰性，在下面的文献梳理中仍按照单一消费者反应变量进行论述，并且重点对常见消费者反应变量进行阐述。

一、营销领域对企业社会责任的学术关注

营销学界对社会责任的关注可以追溯到20世纪六七十年代，当时主要考虑与企业营销职能有关的社会责任（Social Duty）问题，而没有从整体考虑企业应发挥的社会作用（Social Role）。如科特勒等（Kotler et al.，1969）提出了“大市场营销”观念；拉泽（Lazer，1969）提出了营销的边界及营销的社会责任的问题，认为营销不仅仅是企业的一项技术职能，其责任范围也不仅仅是获取利润；莱特哈姆尔（Zeithaml，1984）指出，营销者应对组织与环境间的交换关系

---

① 森等（2001）在文献回顾中指出，在2001年之前，只有四篇文章关注到企业社会责任对消费者反应的影响。这四篇文章分别由伏戈尔等（Vogel et al.，1997）、莫尔等（2000）、克莱尔等（1997）、布朗等（1997）所写。

进行管理。如今，社会营销（Social Marketing）已成为营销研究中的一个重要领域［安德烈亚森（Andreasen，1994）］，许多营销学权威教科书已将社会责任营销作为教材的重要组成部分，如科特勒（1991）在其经典营销学教科书中将社会营销定义为以维持或提高消费者和企业的福利水平的方式开展经营活动的过程。①

近年来，在营销领域有关企业社会责任的研究越来越多，有的研究关注消费者对企业社会责任措施的反应，有的关注企业实施社会责任活动所获取的利益。现在多数研究还是集中在消费者对企业社会责任行为的反应上，如越来越多的研究认为，消费者会偏爱或回报那些致力于实施社会责任活动的企业［布朗等（1997），克莱尔等（Creyer et al.，1997），莫尔等（2000），默里等（Murry et al.，1997），纳尔逊（Nelson，2004），森等（2001）］。例如，消费者愿意为那些讲究道德的企业所生产的产品支付更高的价格［克莱尔等（1997）］，愿意转换品牌去支持那些捐款给非营利组织的企业，从那些支持慈善事业的企业购买产品［史密斯等（1991）］等。

鉴于营销领域中企业社会责任研究的纷繁芜杂状况，迈尼昂等（2004），提出了一个能阐述企业社会责任的前因、后果，并体现其在市场营销领域中所发挥的作用及贡献的概念模型，② 以阐述营销领域对企业社会责任研究的贡献。在该模型中，列出了企业社会责任行为的可能的前因与后果，尽管只是概念模型，并未进行实证研究，但提出了一些假设及未来进行实证研究的方向。该模型综合了以下三方面的考虑：第一，涵盖不同类型的企业社会责任活动类型（如环境保护、慈善活动、伦理管理等）；第二，涵盖不同类型的利益相关者群体；第三，综合考虑企业社会责任的规范性、管理性及工具性维度。迈尼昂等（2004）认为，营销者要想成功实施社会责任活动，不应只局限在消费者身上，还要考虑其他利益相关者，因此需要实施多样化的企业社会责任。而目前营销领域对社会责任的关注只是局限于某个视角，或企业社会责任的某个维度上，而没有从整体考虑企业社会责任在营销中发挥的作用，

① PHILIP KOTLER. Marketing Management：Analysis，Planning，Implementation，and Control，7th［M］. Englewood Cliffs，NJ：Prentice Hall Inc. 1991.

② 其实对企业社会责任在营销领域中的理论考察可以追溯到罗宾（Robin，1987）的研究。

没有用整合的、系统的视角来分析企业社会责任在营销体系中的地位。

二、企业社会责任与消费者购买行为的关系

近年来，关于企业社会责任与消费者购买行为之间关系的研究正日益受到学术界的关注［莫尔等（2001），贝克尔－奥尔森等（Becker－Olsen et al.，2006）］，并且在实证研究中占据主导地位。在众多消费者的反应变量中，消费者购买意愿（行为）几乎是被采用最多的变量。一项被默认的规则是，消费者会回报那些履行社会责任的企业，这也是社会责任支持者和实施社会责任的企业所愿意相信的理念，而一些实证研究也证明了这一观点。罗斯等（Ross et al.，1990）在一项关于善因营销（Cause-Related Marketing，简称 CRM）的研究中发现，有 48.7% 的调查对象声称购买企业产品的主要原因是出于对公益事业的支持，有 54% 的调查对象表示若有需要会尝试购买支持公益事业的产品品牌。2005 年由全球市场研究所发起的一项针对美国、澳大利亚、加拿大、印度及欧洲一些国家消费者的调查研究显示，有 54% 的被调查者表示愿意为具有社会责任感的商品支付更高的价钱［德温尼等（Devinney et al.，2006）］。

企业社会责任与消费者购买意愿或行为之间的关系并不是简单的线性关系，而是受许多因素的影响。例如，消费者对企业社会责任的支持程度（CSR Support）在企业社会责任与消费者购买行为之间起到调节作用，高支持度的消费者对企业社会责任行为会更加敏感，进而会产生更强的购买意愿［莫尔等（2005）］。另外，企业所采取的社会责任行为类型也会对购买意愿产生差异化影响。

大卫等（David et al.，2005）发现，不同社会责任类型通过对企业识别这一中介变量产生影响，进而对购买意愿产生差异性的影响（见图 2－5）。该研究通过案例研究法，对（微软、耐克、菲利普·莫里斯、温迪）四家企业进行了分析，以探索企业社会责任活动、企业识别①以及购买意愿之间的关系。该研究将企业社会责任活动分为道德/伦理责任（Moral/Ethical Practices）、慈善责任

① 所谓企业识别是指一个组织的核心的、独特的、持久的特征，它通过其成员的阐释和行动向外进行传递。

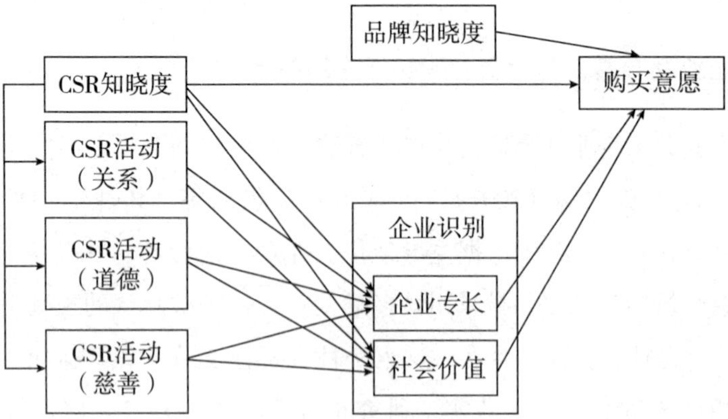

图2-5 企业社会责任与购买意愿之间的关系

资料来源：DAVID P，KLINE S，DAI Y. Corporate social responsibility practices，corporate identity，and purchase intention：a dual-process model［J］. Journal of Public Relations Research，2005，17（3）：291-313.

（Discretionary Practices）以及关系责任（Relational Practices）三类，将企业识别变量分为企业专长（Expertise）和企业社会价值（Social Values）两个维度。在四家企业中，对耐克和温迪而言，企业专长和社会价值都是购买意愿的预测变量；对微软而言，只有专长维度是购买意愿的预测变量；而对菲利普·莫里斯来说，则只有社会价值维度是购买意愿的预测变量。研究发现，企业识别在社会责任与购买意愿之间起到了中介作用。其中，慈善责任和道德责任是企业识别变量中社会价值维度的重要预测变量，而关系责任则对企业识别变量中的企业专长维度有影响作用。并且还发现，消费者对企业社会责任活动的熟悉度对企业识别有重要影响，进而对购买意愿产生影响。

消费者对企业实施社会责任活动动机的归因也会对购买行为产生影响。维拉克斯等（Vlachos et al.，2008）就消费者对企业实施社会责任动机的感知是否会影响到他们对社会责任活动的评价进行了研究。该研究将消费者对企业实施社会责任活动动机的归因划分为四种类型，即利益相关者驱动型归因（Stakeholder-Driven Attributions）、战略驱动型归因（Strategic-Driven Attributions）、利己驱动型归因（Egoistic-Driven Attributions），以及价值驱动型归因（Values-Driven Attribution）。不同类型的归因会对消费者的重复光顾意愿（Repeat Patronage Intentions）及推荐意愿（Recommendation Intentions）产生不同影响，其中，利益相关者驱动型归因、战略驱动型归因、利己驱动型归因对消费者信任、光顾意愿以及积极的消费者推荐会产生负面效果，而价值驱动型归因则对上述变量产生正面效果。另外，服务感知质量对利益驱动型归因与消费者信任之间的关系起到调节作用，而消费者信任水平则在企业社会责任归因对光顾意愿和推荐意愿的影响中起到中介作用。研究模型如图2－6所示。

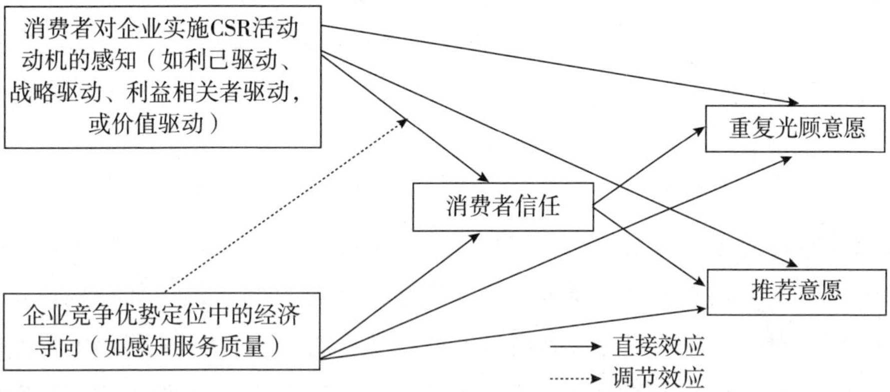

图2－6　消费者社会责任动机感知与评价之间的关系

资料来源：VLACHOS，P A，TSAMAKOS A，VRECHOPOULOS A P，AVRAMIDIS P K. Corporate social responsibility：attributions，loyalty，and the mediating role of trust［J］. Journal of the Academy of Marketing Science，2008，37（2）：170－180.

国内也有学者就企业社会责任与消费者购买意愿的关系进行过实证研究［如周祖城等（2007），周延风等（2007），谢佩洪等（2009），顾浩东等（2009），马龙龙（2011）］。周祖城等（2007）通过情景模拟方式、以大学生为调研样本，就企业社会责任相对水平①与消费者购买意向之间的关系进行了实证研究。研究发现，企业在行业内的相对社会责任水平与消费者购买意向呈同方向变动，即相对企业社会责任水平高（或低），则消费者的购买意向也

① 在该研究中，周祖城，张漪杰（2007）通过情景设计将企业社会责任划分为行业领先水平、行业中等水平及行业落后水平，并将企业社会责任界定为“企业对股东、员工、消费者、供应商、竞争者、社区、政府、自然环境等利益相关者承担的经济、法律和道德上的责任，包括提供社会需要的产品和服务、投资回报、维护劳动者和消费者权益、公平竞争、支持公益事业、环境保护等”。

相应地高（或低），从而证实了国外实证研究中“企业社会责任对消费者购买意向有显著影响”这一结论同样适用于中国市场。另外，该研究的一个创新发现是，消费者的购买意向以及是否为具有社会责任感的企业的产品支付溢价，不仅取决于该企业是否具有社会责任感这一绝对水平，还受企业在所处行业中社会责任相对水平的限制。例如，当参照对象为行业中企业社会责任水平落后的企业时，消费者为社会责任水平领先企业的产品支付溢价的意愿就较为显著，而当参照对象为企业社会责任水平中等的企业时，消费者为社会责任水平领先企业的产品支付溢价的意愿就不显著。周延风等（2007）运用实验法，分析了三类企业社会责任行为（善待员工、保护环境及慈善捐助）对消费者购买意向的影响。研究发现，这三类社会责任行为对消费者的购买意向均有显著的正面影响。该研究也证实，企业社会责任行为与消费者购买意向之间关系复杂，并非简单的相关关系，而是受到消费者个人特征（如对社会责任的支持度、信任度）及产品自身特征（如价格信息）的影响。对社会责任行为持有高信任、高支持的消费者，当企业积极承担社会责任时，其购买意向会明显高于低信任、低支持的消费者。另外该研究还发现，消费者对企业采取的不同类型的社会责任行为具有差异化响应，如当企业采取积极或消极的慈善捐助行为时，消费者对低端相机的购买意向的差异程度要大于高档相机；而当企业采取积极或消极的环境保护行为时，消费者对高档相机的购买意向的差异程度要大于低档相机。马龙龙（2011）以消费者人格特征为视角，基于“经济人”和“社会人”的概念提出了研究假设，并通过实验法，对企业社会责任水平①与消费者购买意愿关系进行了研究（模型见图 2－7）。结论显示，企业社会责任表现是消费者购买决策的重要依据之一，消费者对企业社会责任行为的响应来源于利益驱使和价值认同两方面的动机：一方面，消费者认为企业承担社会责任会给自己带来好处；另一方面，通过社会责任意识消费行为，消费者会获得自我概念认同及自我价值实现的满足感。研究还发现，并非所有消费者都会对企业

① 与周祖城等（2007）对社会责任水平的操纵相异，马龙龙（2011）将社会责任水平划分为积极水平和消极水平两档。

社会责任行为作出响应，即消费者类型也会对企业社会责任与购买意愿间的关系产生影响。

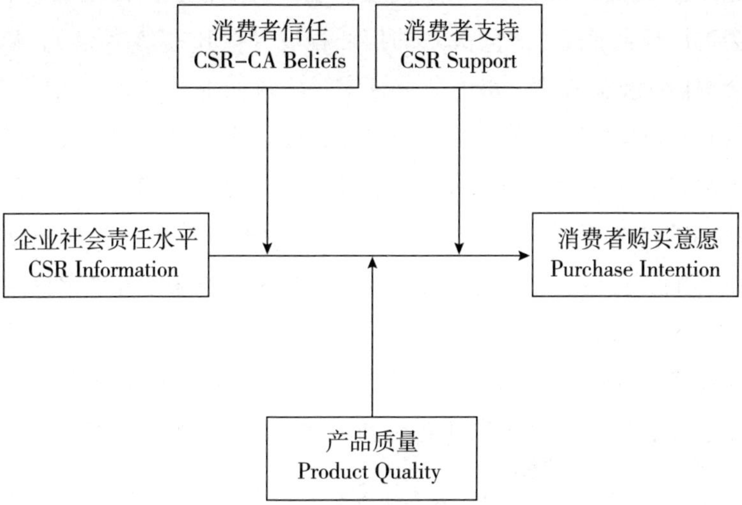

图 2-7　企业社会责任与消费者购买意愿之间的关系

资料来源：马龙龙．企业社会责任对消费者购买意愿的影响机制研究［J］．管理世界，2011（5）：120-126.

顾浩东、宋亦平（2009）运用实验法，通过对学生样本的调研发现，企业与社会责任项目的匹配度、消费者对社会责任活动的归因、消费者的感知结果意识都通过企业社会责任联想间接地影响消费者的购买意愿。活动匹配度对企业社会责任联想既具有正向的直接影响，又具有正向的间接影响。其中，间接影响分别通过消费者归因和消费者结果意识来实现，而活动匹配度、消费者归因和消费者结果意识对于消费者购买意愿都不存在显著的直接影响。

三、企业社会责任与消费者评价的关系

森等（2001）通过实验法对企业社会责任与消费者评价及购买意愿之间的关系进行了探索（见图 2-8）。研究发现，企业社会责任水平对消费者的产品评价产生显著影响。该实证研究共包括两项子研究：研究一关注企业社会责任与企业评价之间的关系，并考察了顾客与企业之间契合度（C-C congruence)① 的中介作用，以及顾客对企业社会责任的支持在二者关系中所起到的调节作用；研究二则分析了企业社会责任对顾客购买意愿的直接影响作用以及这种关系所依赖的三个调节变量，包括企业社会责任范围、消费者对企业社会责任与企业能力之间关系的信任程度（CSR－CA 信念），以及消费者对社会责任的支持程度。最终研究证实了实施企业社会责任措施对顾客的企业评价起到正向影响作用，其中顾客对自己与企业之间契合度的感知在二者关系中起到中介作用，企业社会责任支持则起到调节作用。研究还发现，与企业正面的社会责任信息相比，顾客对企业的评价更易受到负面社会责任信息的影响。在对企业评价和消费者购买意愿这两个消费者反应变量的对比研究中发现，企业社会责任对购买意愿的影响要比对企业评价的直接影响复杂得多，企业社会责任对消费者购买意愿通过直接和间接方式两种方式产生影响，同时，其结果还要受到消费者的个人特征等因素的影响。

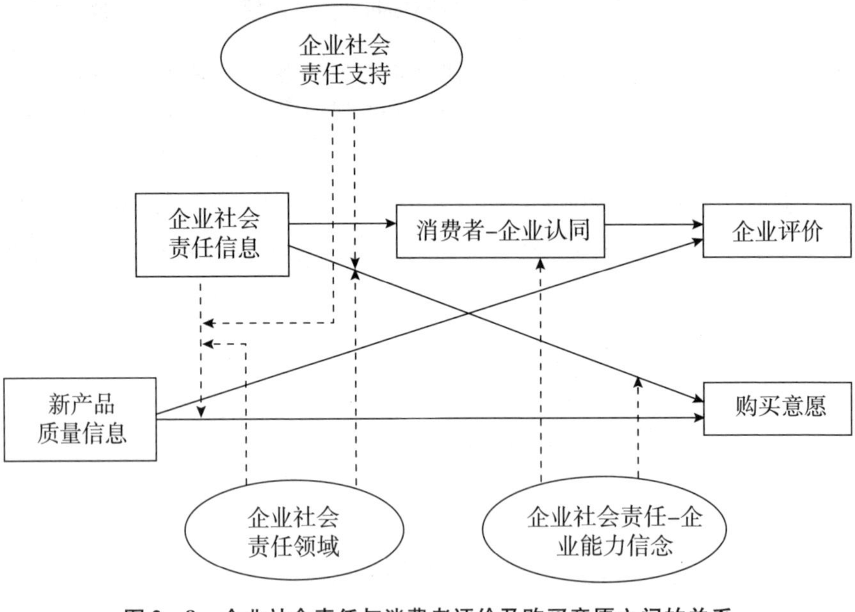

图 2－8　企业社会责任与消费者评价及购买意愿之间的关系

资料来源：SEN S，BHATTACHARYA C B. Does doing good always lead to doing better? Consumer reactions to corporate social responsibility［J］. Journal of Marketing Research，2001（38）：225－243.

① 所谓顾客与企业之间的契合度，是指顾客感知到的自我特征和企业特征之间的相似程度。

在社会责任与消费者反应关系研究领域，对企业能力与社会责任这两个企业联想（Corporate Associations）[①] 维度进行比较研究，布朗等（1997）当属于肇始者，自此，很多学者［如森等（2001），贝伦斯等（Berens et al.，2005）］在研究中都采用了这种比较视角。所谓企业能力，是指构成企业特长和胜任力的一系列要素，包括提高产品或服务质量的能力，产品或服务的创新能力等［加蒂尼翁等（Gatignon，1997）］。企业社会责任方面的联想则指消费者对企业在涉及生态和环境质量、消费者利益保护、社区需要、政府关系、少数民族和弱势群体、劳资关系、国家责任等方面时所作出的行为和决策结果的正面或负面联想。

布朗等（1997）运用实验法，分析了企业能力与企业社会责任对产品评价的影响作用（见图2－9），发现企业能力联想和企业社会责任联想对消费者反应会产生不同的影响效果，其中，企业能力联想产生的影响作用更大一些。[②] 另外二者对产品评价的作用机制也有差异，企业能力联想对产品评价的影响通过两条路径进行，一是通过影响消费者的产品属性感知；二是通过影响消费者对企业的总体评价。企业社会责任联想对产品评价的影响则是通过企业评价来进行的，即企业社会责任活动能影响消费者对企业的总体评价，进而影响他们对产品的偏好。实证结果发现，对企业社会责任而言，相对于低的企业社会责任水平，高的企业社会责任水平能导致更高的企业评价，进而影响消费者对企业产品的评价。另外，负面的企业社会责任信息会损害消费者对产品的正面评价，而正面的企业社会责任信息会促进消费者做出积极的产品评价。

贝伦斯等（2005）在研究中也运用了企业能力与企业社会责任的对比视角，以金融服务企业为研究对象，就企业品牌战略对企业联想和顾客产品态

① 消费者个体对企业的了解或印象被称为企业联想（Corporate Association）。1992年，营销科学协会（Marketing Science Institute，MSI）将企业联想这一概念分为两个维度，即企业能力联想（Corporate Ability Association）和企业社会责任联想（CSR Association）。其中企业能力是指对企业在生产产品或提供服务过程中所表现出的专业技术水平方面的认知，如产品设计、技术创新等方面的能力；企业社会责任是指企业在经营过程中能体现出社会导向，在一些重大社会问题中能表现出道德感和责任心，如参与慈善、环境保护等社会公益事业。当消费者头脑中产生积极的企业联想时，正面的企业形象开始在消费者心目中树立，而当消费者头脑中产生消极的企业联想时，负面的企业形象便会产生。

② 森等（2001）的实证研究也验证了该观点。

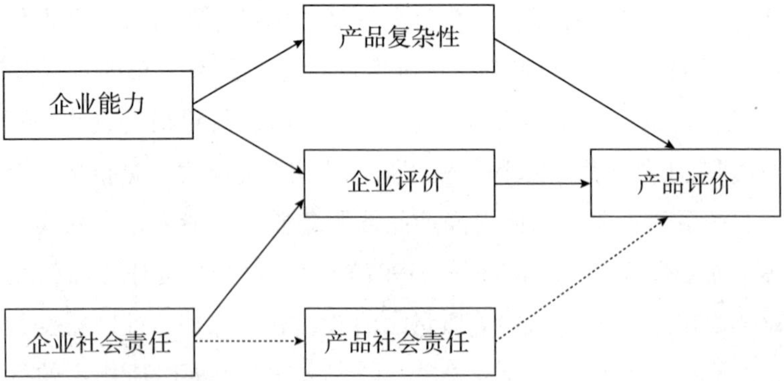

图 2-9　企业联想对新产品评价的影响

资料来源：BROWN T. J，DACIN P. A. The company and the product：corporate associations and consumer product responses［J］. Journal of Marketing，1997（61）：68-84.

度之间的关系进行了研究（见图 2-10）。研究发现，当企业运用显性品牌战略（Monolithic Strategy）时，企业能力联想对产品评价变量有较强影响，而企业社会责任联想则没有显著影响；而当企业运用隐性品牌战略（Endorsed Strategy）时，企业能力联想对产品评价的影响会受到产品介入（Involvement）的正向调节，而企业社会责任联想的影响则受到产品介入的负面调节，以及匹配度①的正向调节。

古汉·坎利等（Gurhan · Canli et al.，2004）认为布朗等（1997）在分析两类企业联想对企业评价的影响作用时，忽视了风险感知水平（Level of Perceived Risk）这一变量，而在消费者行为研究领域中，风险感知水平是一个重要因素。为此，古汉·坎利等（2004）通过实验法分析了在高风险情境下，三类企业形象联想（创新、诚信、社会责任）② 对消费者产品评价的影响。研究结果发现，当消费者在产品购买中感知到高风险（相对于低风险）时，创新和诚信方面的企业形象联想更能对产品评价产生影响，而企业社会责任

① 所谓匹配度（Fit），是指产品和品牌之间的相似度。有许多相关研究将品牌与企业产品进行了严格区分，索博德等（Sobodh et al.，2001）认为产品和品牌之间的相似度包括两个含义：其一，品牌所涵盖的产品种类和企业产品种类之间的相似度；其二，品牌所激发的联想和产品所激发的联想之间的相似度，该研究偏重于后者。

② 创新联想是指一个企业的研发能力、采用新技术的能力以及生产新产品等方面的能力；诚信联想则包括企业的可靠性、信誉、诚实、仁慈等方面。

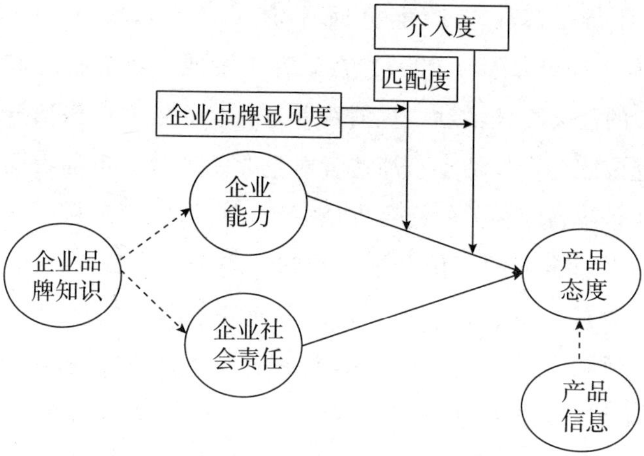

图 2 - 10　企业能力与社会责任对消费者反应的作用机制

资料来源：BERENS G，VAN RIEL C. B. M，van Bruggen G. H. Corporate associations and consumer product responses：the moderating role of corporate brand dominance [J]. Journal of Marketing，2005 (69)：35 - 48.

对产品评价则没有起到显著影响，即感知风险在企业形象对产品评价的影响作用关系中充当调节变量作用。为什么实验中没有发现社会责任对产品评价的影响作用呢？这是因为社会责任对产品评价的影响只有在特定情境下才发挥作用，如消费者社会责任意识较强，产品对环境影响较大等。在一般情境下，社会责任对产品质量的评价并不具有预测导向。也就是说，很多情况下消费者倾向于运用属性信息而非形象信息去评价产品。

企业社会责任信息的来源也会影响到消费者对企业动机的判断，进而影响到对企业的评价效果。斯克曼等（Szykman et al.，2004）发现，当消费者看到反对酒后驾驶的宣传信息是由一家啤酒厂商赞助时，相对于该宣传信息是由非营利组织赞助，消费者更加相信该广告是为了赞助商的自身利益。消费者希望同时从企业和无偏见的媒体（如电视及新闻媒体）处获取企业的社会责任活动信息［道舍斯（Dawkins，2004）］。如果消费者是从一个中立来源获知一家烟草公司在赞助全国癌症协会，但烟草公司并未对此进行广告宣传，那么烟草企业的动机会显得有些模糊不清。在这种情况下，消费者仅仅会对企业的社会责任活动认知打些折扣，但是如果烟草公司积极宣传其社会责任活动，则消费者会推测企业的潜在动机，并且认为企业是不真诚的，进而降低对企业的评价，甚至会产生负面评价［坎贝尔等（Campbell et al.，2000)］。尹等（Yoon et al.，2006）在研究中发现，当企业实施一项与企业利益高度相关的社会责任活动，且消费者是从企业处获取该信息，那么相比于企业未实施该社会责任活动，消费者对企业的评价会更加负面；当企业实施一项与企业利益高度相关的社会责任活动，且消费者是从中立方获取该信息，那么消费者对企业的评价会维持现状；当企业实施一项与企业利益低度相关的社会责任活动，且消费者是从企业处获取该信息，那么消费者对企业的评价会维持现状；而当企业实施一项与企业利益低度相关的社会责任活动，且消费者是从中立方获取该信息，那么消费者对企业的评价会更加正面。另外，该研究还发现，信息来源及利益相关性对企业评价的影响均会受到消费者推断的企业动机真诚性的中介作用影响。

四、企业社会责任与顾客满意的关系

在消费者行为研究中，顾客满意已是一个相对成熟和完善的概念，围绕顾客满意的理论体系也比较健全，关于顾客满意方面的实证研究可谓不胜枚举。但在企业社会责任研究领域，通过文献梳理发现，关于企业社会责任行为与顾客满意之间的关系，以及二者关系的内在机制等方面的实证研究并不多见。

罗等（2006）首次分析了企业社会责任与企业市场价值（Market Value）之间的关系，并在模型构建中引入了顾客满意这一变量（见图2－11），尽管在该研究中顾客满意只是作为一个中介变量被引入，但由于涉及顾客满意方面的企业社会责任实证研究实在少见，因此该文献很值得重视。该研究运用FAMA、ACSI、CMR等数据库中的二手数据，对社会责任与企业市场价值之间的关系进行了分析，并且在模型中引入了顾客满意这一消费者行为变量。研究发现，企业社会责任通过顾客满意这一变量的中介作用部分地对市场价值产生影响，而市场对企业实施社会责任活动的回报既可能是正面的，也可能是负面的，这取决于企业能力水平，即企业能力变量在其中起到调节作用。罗等（2006）的研究又一次证实了企业社会责任与企业绩效之间的关系并不是简单的非此即彼的关系，同时也指出，企业实施社会责任措施时，应充分考虑企业能力这一影响要素。

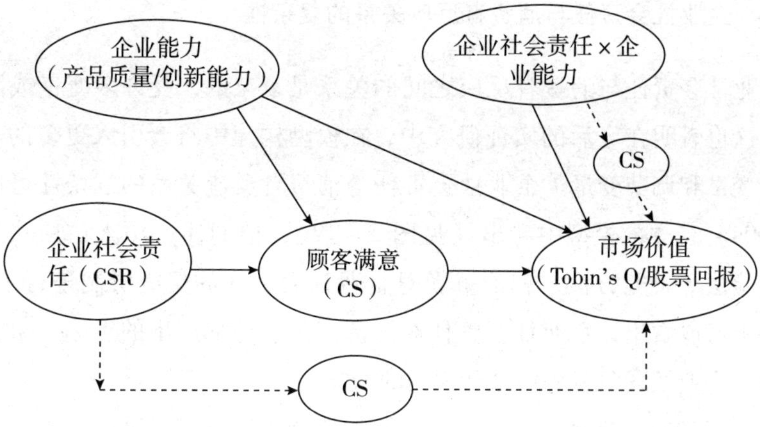

图2－11　企业社会责任、顾客满意、市场价值关系的概念模型

资料来源：LUO X，BHATTACHARYA C. B. Corporate social responsibility，customer satisfaction，and market value［J］. Journal of Marketing，2006（70）：1－18.

魏农建等（2009）通过对上海地区牛乳行业的消费者样本进行实证研究，发现企业社会责任行为会对消费者评价产生影响，但不同社会责任行为①之间表现出影响程度的差异性。研究结果显示，尽管企业社会责任对顾客满意及顾客忠诚并未产生直接影响，但通过企业声誉、顾客感知价值这两个中介变量对其产生了间接影响。谢毅等（2009）的研究也涉及了顾客满意维度。该研究运用实验法，分析了两种不同类型的公开信息（反映企业社会责任感的公开信息和反映企业能力的公开信息）对消费者与品牌之间关系强度的影响机制。结果发现，正面的社会责任感公开信息对消费者品牌关系强度的促进作用在公开反映企业能力的负面信息的情况下更为明显。另外，还发现品牌情感和品牌信任对企业公开信息的有效性起到部分中介作用。尽管在该研究中采用"消费者与品牌的关系强度"作为消费者反应变量，顾客满意并不是一个单独反应变量，但对顾客与品牌的关系强度这一变量的测量则借鉴了阿克等（2004）所构建的品牌关系强度量表中的顾客满意部分。

① 该研究采用了三种企业社会责任行为，即企业对社区的责任、企业对环境的责任以及企业对顾客的责任。

五、企业社会责任与消费者反应关系的复杂性

企业社会责任与消费者反应之间的关系是复杂的，受许多变量或因素的影响，这也表明在今后的实证研究中，在模型构建中将会引入更多的、更新的中介变量和调节变量。企业社会责任与消费者反应关系的复杂性可以从森等（2004）建立的模型中看出（见图 2－12），他们通过深入访谈法、调查法、实验法等研究方法，就消费者对企业社会责任的反应机制进行了研究。从模型中可以看出，企业社会责任对内部产出、外部产出的影响效果会受到消费者、企业及竞争者等一系列因素的影响。

森等（2004）发现，企业社会责任与消费者反应变量之间并不是简单的相关关系，而是受很多内在和外在因素的影响，只有当满足一系列条件，如企业社会责任活动符合消费者心思、企业与所赞助事业高度匹配、产品质量好、消费者未被要求为企业社会责任活动支付溢价等时，企业社会责任与消费者购买行为之间才呈现出正相关关系。社会责任类型也会对消费者反应产生影响，消费者对采用主动型社会责任战略与采取被动型（或防御型）社会责任战略的企业所持态度不同：对采用主动型社会责任战略的企业，消费者的态度更加有利。研究还发现，消费者对企业社会责任行为的反应表现出极大的差异性，对一些消费者有用的社会责任活动对另一些消费者则可能没有效果。这其中，消费者对企业从事社会责任活动动机的推测（即归因）是一个重要影响因素。归因在很大程度上决定着消费者是否能对企业的社会责任活动做出积极回应。很多时候，消费者对企业从事社会责任活动的动机持怀疑态度，此时有两个因素对这种怀疑起调节作用，即企业声誉、企业与赞助事业之间的匹配度，尤其当社会评价不高的企业参与一项与其业务密切相关的事业时，消费者所持怀疑度会非常高。研究还发现，企业社会责任对消费者的内在心理（如意识、态度、归因等）的影响要大于对外在行为结果［如购买行为、口碑（WOM）］的影响。因此企业不应该只关注结果变量，还应该重视心理变量，因为只有积极的内在心理变量才会导致理想的行为结果，例如基于社会认同理论（Social Identity Theory）的组织认同理论认为，当消费者认为他对组织的认同感具有持续性、独特性，并且能够提高自己的自尊感

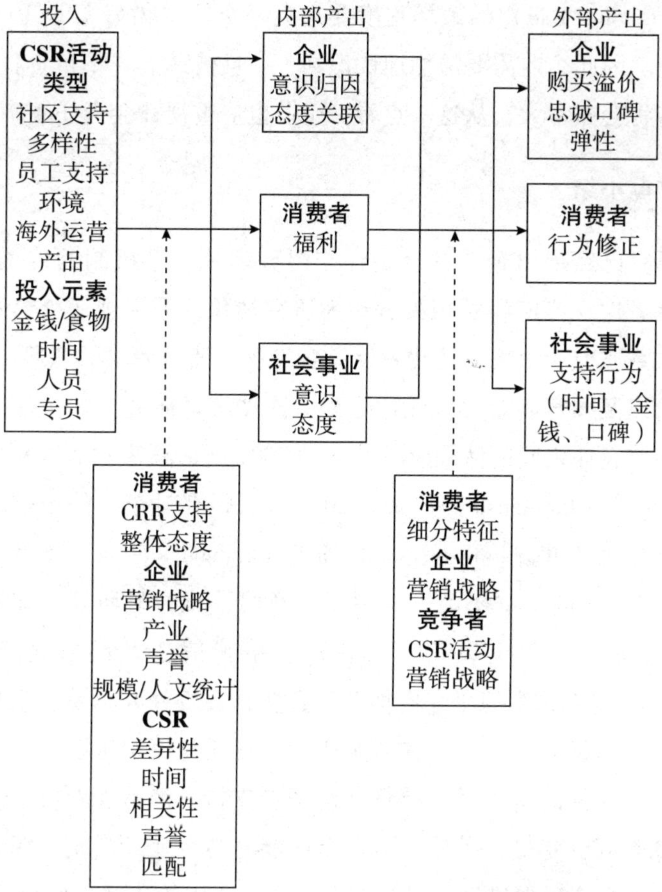

图 2－12　企业社会责任与消费者反应关系模型

资料来源：BHATTACHARYA C. B.，Sen S. Doing better at doing good：when，why，and how consumers respond to corporate social initiatives［J］. California Management Review，2004，47（1）：9－24.

（Self-esteem）时，他更有可能对组织表示认同，购买行为或购买意愿也会增强。研究还发现，消费者对负责任企业行为的另一个回报是对企业的负面信息反应迟钝（Resilience to Negative Information），即消费者会忽视或原谅企业偶然性的、可能是由于失误所造成的过错。这也是企业应将从事社会责任活动视为一项长期的、战略性投资计划的原因。企业从事社会责任活动相当于建立一个"善意蓄水池"（Reservoir of Goodwill），它可以有效降低或减缓未来可能发生的品牌危机对企业造成的伤害。研究还发现，相比企业的负责任行为，消费者对不负责任的企业行为更加敏感，这是一种不对称效应，即企业

“做坏事”（Doing Bad）的破坏程度要远大于企业“做好事”（Doing Good）的积极效应。因此企业需要清醒地认识到，一旦被贴上“不负责任”的标签，其潜在损害将会非常大，从这一点看，企业也应重视社会责任战略。

六、文献小结

许多研究已经跳出企业社会责任与财务绩效关系机制的传统研究范畴，转而以消费者这一特定利益相关者作为研究视角，重视企业社会责任与消费者反应的关系研究。常见的消费者反应变量包括消费者购买意愿、购买行为、消费者评价以及顾客满意等。除此之外，许多实证研究开始关注其他反应变量，如顾客与企业之间的认同感［森等（2001）］、顾客对非营利组织的捐赠［利希滕斯坦等（Lichtenstein et al.，2004）］、顾客对企业的声誉评价［莫尔等（2005）］、顾客忠诚度［萨尔莫内斯等（Salmones et al.，2005）］、顾客口碑［杜等（Du et al.，2007）］、产品推荐意愿［维拉科斯等（2008）］、消费者产品质量感知［周延风等（2007）］、品牌信任及品牌情感［谢毅等（2009）］等。越来越多的研究更加关注企业社会责任与消费者反应关系的内在作用机制，如森等（2001）在对企业社会责任与消费者购买行为之间关系的研究中，引入了消费者个性特征、消费者支持、消费者对社会责任和企业能力的信念等调节变量。另外，鉴于企业能力与企业社会责任是消费者对企业进行感知的两个重要维度，是消费者对企业产生整体联想的重要组成部分，许多学者［布朗等（1997），森等（2001），贝伦斯等（2005）］采用企业社会责任与企业能力的比较视角来研究企业社会责任与消费者行为的关系。

多数研究结论认为，消费者会偏爱或回报那些致力于实施社会责任活动的企业［如布朗等（1997），克莱尔等（1997），莫尔等（2000），默里等（1997），纳尔逊等（2004），森等（2001）］。例如，消费者愿意为那些讲究道德的企业所生产的产品支付更高的价格［克莱尔等（1997）］，愿意转换品牌去支持那些捐款给非营利组织的企业，购买那些支持慈善事业的企业的产品［史密斯等（1991）］等。表2－5对企业社会责任与消费者反应的部分实证研究进行了总结。

表 2－5　正常情境下企业社会责任与消费者反应实证研究总结

文献名称	数据收集方法	数据处理方法	相关变量	研究结论
大卫等（2005）	案例研究法	路径分析，回归分析	社会责任，企业识别，购买意愿	消费者对企业社会责任活动的熟悉度对企业识别有重要影响，进而对购买意愿产生影响
维拉科斯等（2008）	实验法	两步单指标估计法（2SI）	消费者对 CSR 的感知，消费者信任，重复光顾意愿，推荐意愿	消费者对企业实施社会责任活动的不同归因会对消费者信任，消费者的光顾意愿以及消费者推荐产生差异性影响
贝伦斯等（2005）	实验法	层次回归分析	企业能力联想，企业社会责任联想，产品态度	企业社会责任联想对产品评价的影响受企业所运用品牌战略的影响
罗等（2006）	二手数据	结构方程模型	CSR，顾客满意，市场价值，企业能力	社会责任通过顾客满意的中介作用对企业的市场价值产生影响
森等（2001）	实验法	方差分析	CSR，企业评价，购买意愿，CSR 支持，顾客与企业的契合度，CSR－CA 信念	社会责任在顾客对企业评价过程中起到正面影响作用，顾客与企业之间的契合度在二者关系中起到中介作用
布朗等（1997）	实验法	路径分析	企业能力，CSR，产品评价，企业评价，产品复杂性	企业能力联想和社会责任联想对消费者产品评价产生不同的影响，企业能力联想产生的影响更大一些企业评价在社会责任联想对产品评价的影响过程中起到中介作用

续 表

文献名称	数据收集方法	数据处理方法	相关变量	研究结论
贝克尔·奥尔森等（2007）	实验法	方差分析	匹配度，消费者对赞助的态度	当赞助事业与企业形象高度匹配时，可以增加品牌资产，反之则会降低品牌资产
顾浩东等（2009）	实验法	偏最小二乘法（PLS）	感知匹配度，消费者归因，消费者结果意识，CSR 联想，消费者购买意愿	活动匹配度，消费者归因，消费者结果意识都通过企业社会责任联想间接影响消费者的购买意愿
游士兵等（2009）	问卷调查	Logit 回归（分对数回归）	企业捐赠，消费者感知因素，购买意愿	消费者的信誉感知，自我满足感知，社会感知与消费者购买意愿呈显著的正向关系；企业的捐赠数额，捐赠渠道，捐赠领域及捐赠资源四个衡量捐赠行为的维度与消费者购买意愿有显著正向关系
周祖城等（2007）	实验法	T 检验	CSR 水平，购买意向	企业在行业内的相对 CSR 水平与消费者购买意向呈正相关关系
谢毅等（2009）	实验法	方差分析	CSR，企业能力，品牌信任，品牌情感，品牌关系强度	当控制品牌关系强度变量后，基于社会责任感的公开信息对消费者—品牌关系强度产生显著影响，而基于企业能力的公开信息对消费者—品牌关系强度则没有显著影响

续 表

文献名称	数据收集方法	数据处理方法	相关变量	研究结论
徐尚昆等（2009）	问卷调查	OLS（普通最小二乘法）回归，Ordered Probit（有序概率）模型	CSR，社会资本	企业承担更多的社会责任有利于获得更多的社会资本
于坤章等（2009）	问卷调查	结构方程模型	能力表现信任，诚实善良信任，活动评价，行为意向	能力表现信任和诚实善良信任对消费者的行为意向有直接的正面影响作用，但与能力表现信任相比较，诚实善良信任对行为意向的影响更大一些
陈晓峰（2014）	问卷调查	因子分析，回归分析	CSR，品牌信任，顾客忠诚，企业声誉，顾客满意	企业社会责任与顾客忠诚度，品牌信任度呈显著正相关关系，其中，品牌信任度对企业社会责任与顾客忠诚度之间的关系也起到了部分中介作用
侯丽敏等（2014）	实验法	方差分析，路径分析	CSR，企业能力，感知质量，品牌独特性，品牌延伸	企业社会责任对感知质量，品牌独特性，品牌延伸等变量具有显著的直接影响
田敏等（2014）	实验法	方差分析	CSR，品牌评价，品牌信任，购买意愿	企业社会责任行为中，产品相关责任行为和慈善行为对消费者品牌评价的提升具有显著作用在企业慈善行为中，产品与企业社会责任行为的匹配性对消费者的品牌评价具有调节作用

续 表

文献名称	数据收集方法	数据处理方法	相关变量	研究结论
蔡瑞林等（2015）	实验法	单因素方差分析	CSR，企业评价	社会责任维度的不同会引起消费者对企业评价的差异，消费者自身对企业社会责任的期望与企业社会责任维度之间的吻合度会影响消费者对企业的评价
刘凤军等（2015）	问卷调查	因子分析，回归分析	CSR，感受过分，消费者抵制	低程度的企业社会责任“承诺”与“水平”，过于滞后的企业社会责任“时间选择”以及高的企业社会责任“关联度”，都会通过“感受过分”的中介作用引起消费者抵制
齐丽云等（2016）	问卷调查	回归分析	CSR，行为态度，购买意愿	消费者对企业社会责任在经济责任，人权，环境保护，社会发展和动物保护五个维度方面的认同，会对购买意愿产生显著影响
邓新明等（2017）	实验法	因子分析，层次回归分析	CSR，动机归因，企业评价，购买意愿，社会认同	消费者的企业社会责任感知会引发他们对企业进行评价，进而影响购买意愿另外消费者会对企业社会责任行为动机进行归因，如果他们认为企业利他动机居多，则会增强企业评价

续 表

文献名称	数据收集方法	数据处理方法	相关变量	研究结论
邓新明等（2017）	实验法	回归分析	CSR，心理契约违背，抵制行为	与品牌低匹配以及时间选择较被动的企业社会责任行为，均会刺激消费者心理契约违背的产生，而且后者比前者刺激作用更大
李敬强等（2017）	问卷调查	回归分析	CSR，消费者—企业认同，品牌态度，购买意愿	企业社会责任特征是企业获得消费者认同的重要前置因素，对消费者品牌态度和购买意愿具有正向影响作用，且“消费者—企业认同”在企业社会责任与品牌态度，购买意愿之间起部分中介效应
齐丽云等（2017）	问卷调查	回归分析，结构方程模型	CSR，多元化战略，专业化战略，情感声誉，认知声誉	除经济责任，其他企业责任维度对企业声誉都具有显著影响作用战略选择对企业社会责任与企业声誉之间的关系起到调节作用

第四节 企业危机情境下的消费者反应①

近年来，随着科学技术的发展、消费需求的日益升级和多样化，企业产品供应无论在数量还是种类上均大幅增加，与此同时，企业危机曝光事件也呈现出高发趋势，尤其是随着传媒技术的发展，负面曝光事件的频率也越来越高。例如在美国，仅2000—2004 年发生的企业负面曝光事件就达到了20 世纪 90 年代的 1.2 倍［王晓玉等，（2009）］。中国近年来的负面曝光事件更是层出不穷，从三鹿奶粉三聚氰胺事件，到肯德基豆奶粉事件、味千拉面汤料勾兑事件、红十字会郭美美炫富事件等。危机事件不仅侵犯了消费者的合法权益，更侵蚀了社会公信力。媒体技术的发展对企业危机事件的传播和后果均起到了放大效应，尤其随着互联网技术的发展，网络空间、博客、微博、网络社区等新技术被越来越多的公众接受和应用，加快了危机事件的传播速度，扩大了传播面，对企业形象及绩效造成直接的负面影响，因此对企业危机情境下的消费者反应研究显得尤为重要。企业处在一个复杂多变的营销环境中，危机的发生不能完全控制或避免，但通过深入了解面临危机时消费者的反应模式和内在机制，有利于企业采取必要措施以减少危机带来的伤害。

一、营销研究中企业危机的界定

企业危机（Corporate Crisis）是指那些能带来不确定性和威胁到企业目标实现的意外的、非常规事件。可以看出，该定义非常宽泛，企业任何一方面发生问题都可能导致危机，如人力资源、生产运营、财务管理、市场营销、公司治理等任何一方面出现问题均会给企业带来不利影响。在营销文献中，关于企业危机方面的研究，大多数都是针对由于品牌声誉或产品质量方面出现问题而带来的危机。

通过梳理以往的研究可以发现，关于企业危机有很多种称谓，如负面曝

① 李海廷．企业危机情境下消费者反应机制研究［J］．物流技术，2012（5）：7－10.

光事件（Negative Publicity）［阿鲁瓦利亚等（Ahluwalia et al.，2000）］、负面品牌曝光事件（Negative Brand Publicity）［普利格等（2006）］、品牌丑闻（Brand Scandal）［罗克姆（Roehm，2006）］、产品伤害危机（Product-Harm Crisis）［达瓦尔等（2000），西奥科斯等（1994）］、企业灾难（Company Disaster）［乔根森（1994）］等。各种称谓之间有细微差别，如负面曝光事件是指企业或其他组织在营销过程中发生的具有极强的破坏性，并且传播面非常广的事件；产品伤害危机是指偶然出现并被广泛宣传的关于某个产品有缺陷或者对消费者有危险的事件［西奥科斯（1994）］等。尽管企业危机有各种各样的称谓，但其内涵基本是一致的。

现实中发生的各种企业危机事件所呈现出来的基本特征也比较稳定，表现在以下几个方面［井森等（2009）］：（1）由企业危机原因、结果不清晰带来的高度模糊状态；（2）发生概率较低，但一旦发生就会对企业构成较大威胁；（3）危机发生后留给企业的反应时间较少；（4）有时会令企业感到意外；（5）企业会因无法预测结果而陷入判断和决策的困境。

关于企业危机的分类，基于不同视角也有很多种分类方法。在组织危机的相关研究中，引起危机的事件一般分为两类：一类是由于技术或产品失败引起的危机，一类是由于社会价值观方面引起的危机［什里瓦斯塔瓦等（Shrivastava et al.，1987），马库斯等（Marcus et al.，1991）］。在目前的营销研究中，大多数是针对由于产品失败（Product Failure）而引起的危机。普利格等（2006）在一项营销实证研究中将影响消费者品牌态度的负面品牌曝光事件划分为两类：一类是基于业绩的负面品牌曝光，如涉及具体的产品属性等方面；一类是基于价值观的负面品牌曝光，不涉及具体的品牌属性，而是与社会或伦理问题有关联，如组织中存在性别歧视、雇用童工等问题，尽管不涉及具体的产品属性，但会影响品牌的象征性利益。

二、企业危机信息的负面加速效应

目前学术界对企业危机的研究主要集中在四个方面：危机的原因、危机造成的结果、如何对危机进行处理以及如何对危机进行警示［什里瓦斯塔瓦（1993）］。厄尔默等（Ulmer et al.，2000）认为，当企业危机发生时，会产生三个问题：（1）危机会影响企业的社会合法性（Social Legitimacy）。企业是一个契约性的存在，当危机发生时，企业可能会被视为不负责任、不诚实、违反法律等，从而危及企业的契约基础。（2）企业危机发生后会导致一个寻求事实真相或证据的过程。该过程是一个漫长、复杂的过程，在这个过程中，许多消费者会依赖媒体去挖掘真相。（3）公众对危机事件拥有知情权，公众需要知道危机发生的原因，以及企业是否应该为危机负责，如果企业需要承担责任，那么需要承担多大责任，是全部责任还是部分责任。

在营销研究领域，更加重视企业危机所带来的负面影响，因为危机会对企业声誉产生影响，进而影响消费者行为，最终影响企业绩效。对企业社会责任而言，消费者对负面社会责任信息的敏感度要大于正面信息，即通常所说的“好事不出门，坏事传千里”，有大量实证研究验证了该观点。如森等（2001）发现消费者在评价企业时，相比正面的企业社会责任信息，消费者对负面信息更加敏感。莫尔等（2005）在调查中也发现，相比正面的社会责任信息，被试对负面的社会责任信息反应更强烈一些。福克斯等（Folkes et al.，1999）通过朋友对一个电话品牌的口碑描述这一虚拟背景来操纵产品质量和道德行为，发现无论产品质量是高还是低，企业的不道德行为（如雇用童工等）都将会导致消费者对企业产生负面态度，而企业的道德行为（如禁止雇用童工、雇用自然灾难的受害者等）所产生的消费者反应则依赖于产品质量的好坏。克莱尔等（1996）在研究中设计了一个谷类生产企业的虚拟情境，研究结果发现同没有任何社会责任信息的控制组企业相比，对那些社会责任感强烈的企业（如当发现包装分量不足时迅速给予消费者补偿）而言，被试并不愿意支付更高的价格；对社会责任感弱的企业（如声称其谷类产品有助于降低心脏病的发病风险，但并没有证据支持），被试要求其降低价格出售产品。

在企业面临危机的情境下，原先做过好事的企业是否会遭到较少的惩罚？结论也许并不乐观。需要注意的是，尽管多数研究认为消费者会抵制甚至惩罚那些不负责任的企业，但对负责任的企业消费者却未必会给予奖赏［卡里根等（Carrigan et al.，2001），梅杰等（Meijer et al.，2005）］。如梅杰等

(2005) 利用保罗等（Paul et al.，1997）针对美国消费者的社会责任敏感度量表对荷兰消费者进行了研究，在调查中发现消费者更有可能对那些社会责任声誉差的企业进行抵制，而对那些社会责任声誉好的企业，并不见得会支付更高价格。其实，这可以用赫茨伯格提出的双因素理论来解释：企业社会责任表现也包含了激励和保健因素，为了避免产品被消费者抵制，企业必须担负最低限度的社会责任；而作为激励因素，只有高水平的社会责任表现才会激励消费者去购买产品。结论也不是绝对的，在王新春等（2010）的研究中，就给“好人有好报”提供了证据。该研究通过实验法，以大学生为样本，对产品危机情境下企业社会责任行为在企业反应方式与品牌关系质量之间的关系是否发生调节作用进行了研究。研究结果发现，如果企业实施积极的社会责任行为，那么在企业出现产品危机情况下，无论企业采取怎样的反应措施，企业社会责任行为都会产生明显的调节作用，但是只有当企业作出明确承担责任的反应时其积极的社会责任信息才会对品牌关系质量损失产生正面的调节作用，否则都会加大品牌关系质量的损失，并且在企业明确不承担责任时损失最大。相反，如果企业实施消极的社会责任行为，当企业出现产品伤害危机时，尽管企业与消费者的品牌关系质量不会出现大幅度的下降，但其品牌关系质量始终处于很低的水平，其最高值甚至小于企业实施积极社会责任行为时的最小值。

三、危机处理方式对消费者反应的影响

危机发生后，企业需要采取相应的措施予以回应。不同的危机处理方式所带来的结果也是有差异性的。相关研究表明，危机事件本身以及对事件的处理措施均会对消费者行为产生重要影响。因此如何采取恰当的危机反应方式，是需要企业认真权衡、慎重对待的一门学问。

（一）企业危机处理方式分类

布拉德福等（Bradford et al.，1995）认为当危机发生时，企业可以采取的反应方式有五种，即不反应、否认、找借口、承认负责但认为不严重以及承认严重性并负责，并分析了这五种反应方式在以下四种情况下的有效性：（1）企业能提供证据证明自己没有实施不道德行为；（2）企业能证

明自己不能控制事件的发生；（3）企业能够提供证据证明事件并没有媒体宣传的那么严重；（4）企业为事件承担责任。最终研究发现，在这四种情况中，企业为事件承担责任是最好的沟通策略。

达瓦尔等（2000）认为企业对危机的反应模式可以视为从明确承认（Unambiguous Support）到明确否认（Unambiguous Stonewalling）的一个连续统一体。明确承认包括承担责任、对消费者道歉、采取补救措施（如产品召回或置换）等，明确否认包括拒绝承担责任、不采取补救措施、不与媒体或消费者沟通等，介于这两者之间的则是一些模糊的反应方式，如对事件承担部分责任而否认承担其他责任等。

目前在许多实证研究中，对危机情境下企业的反应方式一般采取三类分类法，即明确承认、模棱两可以及明确不承认。如崔金欢等（2002）就采用该分类法，沿用达瓦尔等（2000）的分析框架在中国情境下对假设进行了验证，并得出了相似的结论。研究结果发现，当出现产品危害事件后，无论企业采取哪种类型的反应措施，其强预期状态下的品牌资产损失会小于弱预期状态下的品牌资产损失；在弱预期状态下，企业采取明确承认的做法，不一定会造成品牌资产的损失，但若采取模棱两可或明确不承认的做法，则会损害品牌资产；当消费者对企业有很高预期时，出现产品危害时不一定必然导致品牌资产的损失，如果反应得当，还可能将危机转变为契机，提升品牌资产。

（二）危机处理方式与消费者反应的关系

王晓玉等（2009）就以往企业危机处理方式与消费者反应之间的关系研究进行了总结，如表 2 – 6 所示。

表 2－6　　　　负面曝光事件反应方式及其影响研究汇总

<table>
<tr><th colspan="3">反应方式</th><th>影响</th></tr>
<tr><td rowspan="7">企业应对</td><td colspan="2">保持沉默</td><td>消极影响：与积极采取应对措施相比，对消费者态度产生消极影响［格里芬等（1991）］；增强消费者的负面认知［吉塔等（Geeta, et al., 1999）］</td></tr>
<tr><td colspan="2">否认</td><td>积极影响：两周之后能适度减少消费者的负面看法［温伯格（Weinberger, 1986）］；消极影响：对消费者购买意愿的消极影响较大［西奥科斯等（1994）］</td></tr>
<tr><td colspan="2">辩解</td><td>消极影响：不能提升已经降低的消费者购买意愿［蒂伯特等（1981）］</td></tr>
<tr><td rowspan="4">承认</td><td>道歉</td><td>积极影响：缓解消费者的负面情绪［乔根森（1996）］；消极影响：企业被认为应负较大的责任［乔根森（1996）］</td></tr>
<tr><td>被迫召回</td><td>积极影响：与否认相比，能降低消费者的感知风险，并提升其购买意愿［西奥科斯等（1994）］</td></tr>
<tr><td>主动召回</td><td>积极影响：与否认和被迫召回相比，能降低消费者的感知风险，并提升其购买意愿［西奥科斯等（1994）］</td></tr>
<tr><td>非常努力地应对</td><td>积极影响：与否认、被迫召回和主动召回相比，能降低消费者的感知风险，并提升其购买意愿［西奥科斯等（1994）］</td></tr>
<tr><td colspan="3">媒体应对</td><td>积极影响：积极的媒体应对能降低消费者的感知风险，并提升其购买意愿［西奥科斯等（1994）］</td></tr>
<tr><td colspan="3">专家应对</td><td>积极影响：积极的专家应对能增加品牌进入消费者考虑集的机会［王晓玉等（2008）］，并降低消费者的感知风险［方正（2007）］</td></tr>
</table>

资料来源：王晓玉，晁钢令．企业营销负面曝光事件研究述评［J］．外国经济与管理，2009（2）：33－39.

普利格等（2006）从品牌定位视角来分析企业应如何规避品牌负面曝光的不良影响这一问题。在现实中，有些品牌定位是基于产品业绩的，如宣传产品如何优良、品质如何出众等，有些品牌定位则是基于价值观层面的，如宣传企业如何富有进取精神、如何公平地对待员工等，实施不同的品牌定位策略，对消费者的感知、反应和对负面曝光的抵制能力都有很大差异。如凯勒等（Keller et al.，1997）发现，当从企业社区服务和环境关注两方面对品牌进行定位时，并不能影响顾客购买延伸品牌的可能性，但环境关注定位却能正面影响顾客感知质量。企业在实施品牌定位战略时，主要是基于该品牌所能提供的利益是功能性利益还是象征性利益，品牌定位战略实施的结果能在消费者头脑中形成品牌联想，最终使消费者产生品牌态度，而积极的品牌联想则是构建消费者品牌资产（Consumer-Based Brand Equity）的基础［凯勒（1993）］。但是，当品牌面临负面曝光时，消费者可能会从记忆中搜索关于该品牌的一些信息，并对其以前形成的品牌态度进行修正，以评价这次负面曝光所产生的影响。针对企业采取怎样的策略来规避负面曝光的不利影响这一问题，普利格等（2006）的研究结果表明，实施多样化的品牌定位策略，如同时采取基于绩效和基于价值观的定位策略，能更有效地规避负面曝光对品牌的不良影响。

除了企业危机反应方式，企业对危机的处理效果还会受其他因素的影响，如西奥科斯等（1994）认为，企业能否成功处理产品伤害危机事件，主要受三方面因素影响，除了企业危机反应方式外，还包括企业声誉和外部因素（如媒体影响）（见图2－13）。这也提醒企业，当面临危机时，除了考虑危机反应方式外，还需要重视其他因素的影响作用。

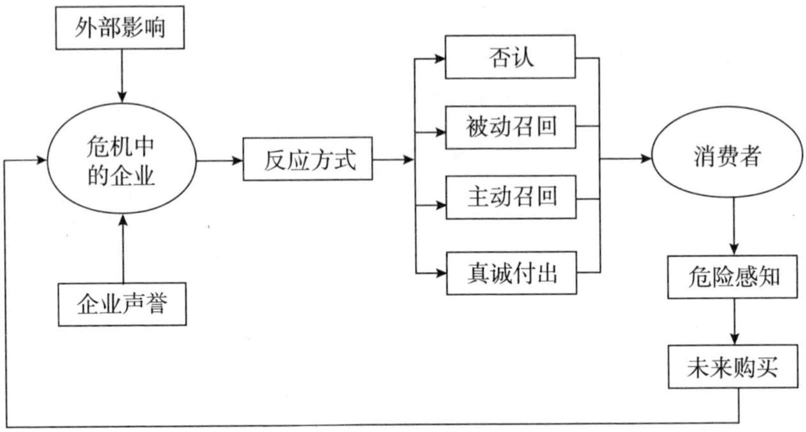

图2－13　影响企业危机处理的三类因素

资料来源：SIOMKOS G J，KURZBARD G. The hidden crisis in product-harm crisis management［J］. European Journal of Marketing，1994，28（2）：30－41.

尽管多数学者强调企业危机反应方式对危机事件解决的重要性，但也有研究提出了新的发现，如迪安（2004）在一项研究中分析了危机事件发生前由社会责任所带来的企业声誉、企业对危机事件的反应，以及企业对事件的责任程度三个变量对消费者反应的影响。研究发现，这三个变量均会对消费者反应产生影响。其中，企业责任解释了方差的最大比率，而企业反应则解释了最少的方差，即尽管企业反应会影响消费者反应，但相比于其他两个变量，影响作用要小得多。

四、危机情境下消费者反应的内在机制

企业面临的营销环境复杂多变，为了降低危机的冲击、减少甚至消除危机带来的损失，企业必须建立包含危机预警、危机反应、危机善后等内容在内的危机管理体系。为此，需要深入了解消费者的危机反应机制，即为什么反应以及如何反应，但企业危机与消费者反应变量之间存在复杂的关系，受到很多变量的影响，相关研究只有置于特定情境、纳入有效变量，研究结论才有意义和参考价值，否则，过于宽泛的研究并无多大意义。如同样受三聚氰胺事件的影响，三鹿多年努力打造的品牌毁于一旦，而遭遇类似危机的蒙牛和伊利却渡过了危机，其中原因（或相关变量）值得思考。

达瓦尔等（2000）通过实地调查和实验法，分析了企业对危机事件的反应对基于消费者视角的品牌资产①的影响。研究发现，消费者对企业的预期在企业反应方式与品牌资产的关系中起到重要调节作用，即当企业发生产品伤害危机时，同样的反应方式可能会对品牌资产产生不同的影响，这取决于消费者对企业的预期期望。所谓消费者对企业的预期是指基于对企业以前行为的经历和理解，消费者所持有的关于企业在特定情境中的行为模式的信念。如果消费者以前对处于危机中的企业持有好的印象，则会冲淡负面信息对企业产生的不良影响；相反，若消费者对企业没有好印象，则会加强负面信息所产生的不良影响。该研究表明，当出现产品危害事件时，相比于弱的消费者预期，强的消费者预期情况下所造成的品牌资产损失会更小。

---

① 在该研究中，品牌资产变量分为品牌态度（Brand Attitude）、品牌合意性（Brand Desirability）、感知质量（Perceptions of Quality）、品牌信任（Brand Trust）以及品牌购买意愿（Brand Purchase Likelihood）五个维度。

阿鲁瓦利亚等（2000）分析了消费者品牌承诺（Commitment to A Brand）在负面信息与消费者态度转变关系中所起的调节作用。研究发现，相比较于正面信息，面对负面信息，低承诺消费者更容易发生态度改变，而高承诺消费者则不会发生态度改变。也就是说，品牌承诺的程度会影响消费者面对负面信息时的态度转变。

古汉·坎利等（2004）在分析创新性、信任度、社会责任三个企业形象构成维度对产品评价的影响中，引入了消费者感知风险（Perceived Risk）这一调节变量。研究发现当消费者对产品失败的感知风险较大时，会倾向于通过关于企业的一些具有诊断性价值的信息来进行判断和辨别，以规避不利影响。

普利格等（2006）分析了当企业面临负面曝光时，消费者会如何评价品牌，其在研究模型中引入了以前品牌态度确定性（Prior Brand Attitude Certainty）[①] 这一调节变量，认为负面曝光对品牌评价的影响效果，会受到消费者以前对该品牌态度的影响。研究发现，当消费者以前的品牌态度具有高的确定性时，就会有效阻隔负面曝光不良影响，相反，当以前品牌态度具有低的确定性时，则会加剧负面曝光的不良影响。这与格雷瑟（Greyser，1995）的研究结论类似：格雷瑟发现，一些品牌通过使消费者产生正面的、积极的态度而形成了良好的品牌资产，从而比另一些品牌更能抵挡负面曝光的影响。

危机情境下消费者反应的复杂性还表现在其受消费者本身特征的影响。如劳弗等（2005）发现不同年龄段消费者（年轻消费者，年老消费者）在对产品伤害危机事件的责备归因方面存在差异。阿鲁瓦利亚等（2000）发现，面对企业对危机事件的反应策略（反驳式，诊断式），高承诺消费者和低承诺消费者表现出了不同的行为模式：对高承诺消费者而言，企业对负面信息采用诊断式反应策略要比反驳式反应策略更具有说服力；而对低承诺消费者而言，正好相反，企业采用反驳式反应策略要比诊断式反应策略更具有说服力。吴旭明（2008）在研究中将消费者分为重度消费者和轻度消费者，分析了在可辩解型产品伤害危机中消费者个体差异对品牌资产的影响作用。结果发现，

---

① 所谓品牌确定性是指一个人在多大程度上相信品牌态度是正确的，它反映了一个人信任品牌态度的主观感受。

与轻度消费者相比，重度消费者会在更大程度上维持对品牌态度、感知质量、购买意愿，以及品牌合意性的认知，品牌资产受损程度也较小。李国峰等（2008）在关于产品伤害事件及企业处理方式对消费者购买决策的影响研究中发现，当产品伤害危机出现后，不同类型消费者[①]之间反应差异很大，其中，受影响较大的是减少失调性购买行为消费者和习惯性购买行为消费者，并且这两类消费者即使在危机被妥善处理后，仍会受到危机阴影的影响，而对复杂性购买行为消费者而言，若危机处理妥当，则能重新回到理性消费模式上来。

五、文献小结

通过对文献进行分析发现，以往对企业危机的研究主要从一般管理角度来进行，而从营销视角、消费者行为视角展开的研究相对较少，关于危机情境下企业社会责任与消费者反应关系的研究则更加稀少，因此需要对该方面加强研究。尤其是在买方市场竞争比较激烈的今天，了解消费者对企业危机的反应（无论是心理还是行为）机制非常重要，因为企业危机会影响消费者对产品、品牌，甚至企业的情感、态度和信任，进而影响消费者的购买行为。

企业危机会导致负面曝光，威胁到企业形象。与正面新闻相比，负面曝光对企业形象的危害更大：一方面，相对于正面新闻而言，新闻媒体更容易追踪负面新闻；另一方面，消费者在评价企业或品牌，或者在做出购买决策时，负面信息会比正面信息占到更大比重，从而产生更大的影响效果［菲斯克（Fiske，1980），斯科夫龙斯基等（Skowronski et al.，1989）］，正所谓“好事不出门，坏事传千里”。另外，相比较于正面信息，负面信息更容易使消费者购买行为发生改变，因为在诊断一个人或企业的道德特征时，不道德行为远比道德行为更具有诊断性。当企业面临危机时，许多研究表明消费者会对那些不负责任企业的产品进行抵制，而对危机前负责任的企业，尽管未必会给予奖赏，但消费者的抵制或惩罚力度可能会较小，尽管这需要较为严格的条件。表 2 –7 对部分危机情境下消费者反应的实证研究进行了总结。

---

① 该研究沿用了消费者行为研究中的常见分类方法，将消费者划分为复杂性购买行为消费者、减少失调性购买行为消费者、寻找多样化购买行为消费者以及习惯性购买行为消费者四种类型。

表 2－7　危机情境下消费者反应的实证研究总结

文献名称	数据收集方法	数据处理方法	相关变量	研究结论
阿鲁瓦利亚等（2000）	实验法	方差分析	品牌承诺，信息特征，品牌态度	消费者的品牌承诺在负面信息与消费者态度转变的关系中起到调节作用。相比正面信息，面对负面信息时低承诺消费者更容易发生态度改变
迪安（2004）	实验法	方差分析，因子分析	企业声誉，危机事件反应，企业所承担的责任，品牌态度	企业声誉、企业反应及对事件的责任均对消费者反应产生影响。其中，企业责任解释了方差的最大比率，而企业反应则解释了最少的方差
达瓦尔等（2000）	实地调查，实验法	回归分析，方差分析	顾客期望，品牌资产，危机反应方式	当企业发生产品伤害危机时，同样的反应方式可能会对品牌资产产生不同的影响，这取决于消费者对企业的预期
福克斯（1984）	实验法	关键事件技术，回归分析，方差分析	消费者的产品失败归因，消费者反应（期望反应，市场公平反应，生气反应）	根据韦纳（Weiner，1980）提出的归因理论三个维度，即稳定性、地点、可控性，分析了产品失败情境下，不同类型的归因对消费者反应的影响
克莱因等（2004）	实验法	方差分析，结构方程（SEM）	CSR，企业责备，归因，品牌评价，购买意愿	在产品危机事件中，企业社会责任影响消费者归因，并在一定程度上降低消费者对企业的责备程度
普利格等（2006）	实验法	方差分析	负面品牌曝光，品牌定位，态度确定性，品牌态度	当消费者以前的品牌态度具有高的确定性时，就会有效阻隔负面曝光对品牌的不良影响，相反，当以前品牌态度具有低的确定性时，将会加剧负面曝光的不良影响

续　表

文献名称	数据收集方法	数据处理方法	相关变量	研究结论
尹等（2006）	实验法	方差分析，回归分析	CSR 信息来源，CSR 与企业的利益关联性，企业评价，动机推断	CSR 活动与企业利益有高关联性时，会降低消费者对企业实施 CSR 真诚性的感知；当消费者是从企业来源而不是从中性来源得知 CSR 信息时，会认为企业实施 CSR 的动机缺乏真诚
井淼等（2013）	实验法	方差分析	CSR 信息，产品伤害类型，危机反应策略，品牌资产	当产品伤害危机发生后，CSR 信息和危机反应策略类型会对品牌资产产生显著影响。企业平时的社会责任行为能降低危机事件对品牌资产的伤害程度
汪旭辉等（2015）	实验法	T 检验	善因营销，企业赞助，慈善捐赠，负面网络口碑，品牌权益	CSR 行为对零售企业的品牌权益产生影响，并且二者关系会受到负面网络口碑类型（产品型负面网络口碑，道德型负面网络口碑）的调节
余伟萍等（2015）	实验法	方差分析，回归分析	CSR，利他性归因，丑闻责任，品牌形象	品牌丑闻事件发生后，CSR 行为对品牌形象有着显著的修复作用。企业的丑闻责任负向调节企业社会责任行为对丑闻品牌形象的修复效果，丑闻责任越大，修复效果越弱

第三章　企业社会责任与消费者归因的关系

当企业危机发生时，公众需要知道危机的起因以及企业是否应该为危机负责，如果企业需要承担责任，那么需要承担多大责任，是全部责任还是部分责任［厄尔默等（2000）］。作为危机发生后的三个关键节点之一，在危机发生阶段，消费者最关心的问题是“谁应该对危机负责”，即消费者对危机的归因问题。当没有明确的信息来指明危机来源、可控性及发生频率时，危机前企业的社会责任表现会影响消费者对危机事件的归因。另外，遭遇企业危机的消费者，会在消费心理及行为上表现出一系列反应，除了对危机进行归因外，还会对危机发生企业产生一定程度的责备或抱怨。企业社会责任表现以及消费者对危机事件的归因结果也会对消费者责备起到影响作用。

第一节　模型构建与研究假设

企业社会责任和企业能力是构建消费者企业印象的重要因素。关于企业能力对消费者反应的影响以往已有过很多研究，在此不加以研究。在常规情况下，恰当适宜的企业社会责任会促进消费者的正面反应，进而促进企业利润等战略指标的实现，但当企业面临危机时，企业社会责任对消费者反应的积极作用会减弱吗？本研究通过引入归因变量来分析企业社会责任对消费者反应的内在机制，分析在产品伤害危机情境下企业社会责任水平及类型是否会影响消费者对企业的责备程度。通过文献分析，本研究推测，对那些在危机发生前实施过社会责任活动的企业而言，企业社会责任水平（高水平，低水平）及社会责任类型（战略型，战术型）都会对消费者的危机事件归因产生影响，进而影响消费者对企业的责备程度。

一、企业社会责任水平与危机归因的关系

在危机情境下，企业前期社会责任活动还会继续影响消费者的反应变量，例如会影响消费者的危机归因机制，进而对消费者反应产生影响。所谓归因是指人们对他人或自己的行为进行分析以对行为背后的原因进行解释和推断的过程。归因理论将个体视为推理信息的处理者，人们会根据其接触到的相关信息进行因果推断，推理的结果最终会影响接下来的行为。归因理论创始人海德（Heider，1958）认为，个体行为背后的原因可分为两类：内部原因与外部原因。前者是指导致行为产生的个人方面的原因，如人的性格、动机、态度、能力等，又称为个人原因；后者是指导致行为产生的外部环境方面的原因，如工作场所、环境氛围等，又称为环境原因。归因理论集大成者韦纳（1980）将个人成功或失败的原因划分为三个维度：（1）发生源（Locus），即该原因是自身因素造成的还是外部因素造成的，据此可将归因分为内部归因和外部归因；（2）稳定性（Stability），即该原因是临时性的还是相对长久的，据此可将归因分为稳定性归因和非稳定性归因；（3）可控性（Controllability），该原因是否可以控制，据此可将归因分为可控性归因和不可控性归因。韦纳认为，归因结果会影响个体的期望变化和情感反应，进一步影响个体行为，这样就形成了一个“认知（归因）—情感反应—行为”的归因传导机制。

归因理论在消费者行为研究中被广泛应用。根据归因理论，消费者会利用所获取的各种信息对企业的行为进行归因，以推断行为背后的原因，而对企业行为背后原因的推断，又会进一步影响消费者对该企业产品的消费行为。正是由于归因结果对消费者行为的指导性和牵引性，因此无论是营销理论者还是营销实践者都特别重视消费者的归因过程及结果。企业社会责任水平是构成消费者企业联想的重要组成部分，也是消费者对企业行为进行归因的重要信息依据。企业社会责任水平越高，消费者对企业越能产生积极的联想，就越能将企业行为向好的方面归因；相反，随着企业社会责任水平的降低，消费者对企业的正面联想力也会随之下降，对企业行为也会向坏的或不利方面进行归因。当企业面临危机时，若套用归因理论，此时“发生源”指企业

危机是因为企业自身原因导致，如管理原因、产品缺陷等，还是因为企业外部环境发生了改变，如企业上游原材料短缺，导致成本上升；“稳定性”指企业危机发生的频率，是偶尔发生还是经常发生，如某奶制品发现其产品掺入有毒材料，是经常出现这种情况还是偶尔发生；“可控性”是指企业能否在危机处理中发挥主导作用，危机是不可避免的，还是经过企业努力便能避免发生或减缓发生频率。早在 1979 年，就有学者发现消费者感知到的产品失败原因会对消费者的反应方式产生影响［贝特曼（Bettman，1979）］。[①] 后来福克斯（1984）运用实验法，分析了产品失败（Product Failure）情境下不同类型归因对消费者反应[②]的影响。根据韦纳（1980）归因理论中的三个维度，该研究对产品失败原因进行了分类：稳定性（是临时性的还是相对长久）、发生源（消费者方面原因还是企业原因）、可控性（原因是否可以控制）。研究发现，原因稳定性会影响消费者的期望反应。稳定性归因会使消费者相信今后还会发生产品失败情况，因此消费者渴望得到补偿而不是产品更换；而非稳定性归因则使消费者对未来的产品绩效持不能确信态度，因此消费者更愿意接受产品更换而不是补偿。危机发生源或地点归因会影响到市场公平性反应。当产品失败是由于企业方面原因所导致时，消费者希望得到补偿和道歉；当产品失败是消费者方面的原因时，消费者既不要补偿也不要道歉；而可控性和地点归因都会影响到消费者气愤反应，当产品失败是由于企业方面的原因时，消费者会感到气愤，并想伤害企业的业务，尤其是当企业有能力控制产品失败原因时。可以推断，当危机前企业社会责任表现比较好时，消费者会对企业危机在这三个维度上进行较有利的归因，进而会对企业产生较为有利的态度或行为。

综上所述，提出以下研究假设。

H1：企业社会责任水平对消费者危机事件归因及企业责备程度有显著影响。

H1a：相比较于较低水平的企业社会责任，当企业社会责任水平较高时，

---

① BETTMAN J. R. An Information Processing Theory of Consumer Choice［M］. Florida，Addison—Wesley，1979.

② 在该研究中，消费者反应变量包括三个，即期望反应（Expectancy Reactions）、市场公平性反应（Marketplace Equity Reactions）以及气愤反应（Anger Reactions）。

消费者对危机事件进行外部归因的倾向更强烈，对企业责备程度也更低。

H1b：相比较于较低水平的企业社会责任，当企业社会责任水平较高时，消费者认为危机事件是偶然发生的倾向更加强烈，对企业责备程度也更低。

H1c：相比较于较低水平的企业社会责任，当企业社会责任水平较高时，消费者更倾向于认为危机事件是企业所不可控制的，对企业责备程度也更低。

二、企业社会责任类型与危机归因的关系

不同社会责任类型会引起消费者不同的反应。很多时候消费者会通过社会责任类型来推测企业的真正动机。当消费者产生怀疑并认为企业实施社会责任活动的真正动机仅仅是为了促进企业绩效时，企业的社会责任活动效果就会大打折扣，甚至会起到负面作用。如当菲利普·莫里斯公司发起一项旨在抵制青少年吸烟活动的运动时，就由于被怀疑其目的是促进香烟的销售进而招致批评家和消费者的反对［费尔克鲁格（Faircloug，2002）］。

坎贝尔（1995）在研究中发现，一旦消费者从企业行为中推测出企业的操纵意图（Manipulative Intent），就会降低对企业的积极评价；一旦消费者怀疑企业实施社会责任活动的诚意，就会降低对社会责任活动效果的评价，最终导致消费者对企业产生负面评价；但是，当消费者认为企业所实施的社会责任活动与其核心业务不相关或相关性低时，消费者对企业动机的怀疑程度会降低。尹等（2006）发现，当企业社会责任活动与企业利益有高（相对于低）的关联性，会降低消费者对企业实施企业社会责任活动真诚性的感知，消费者对企业动机的怀疑度会较高；而当一家具有好名声的企业赞助一项具有高度利益相关性的事业时，低的“企业社会责任活动费用/广告费用”比率会产生负面效果，即相对于消费者不知道企业实施企业社会责任活动，消费者知道其活动反而会导致对企业的评价更加负面。

在危机情况下，消费者也会对企业从事企业社会责任活动的动机进行推测，这种对动机的归因在很大程度上决定着消费者是否能对企业社会责任活动做出积极回应。很多时候，消费者对企业从事社会责任活动的动机持怀疑态度，有两个因素对这种怀疑起调节作用，即企业声誉、企业与赞助事业之间的匹配度，尤其当信誉不好的企业参与一项与其业务密切相关的事业时，

消费者怀疑程度会非常高。因此可以推断，危机前企业实施的社会责任类型会对消费者的危机归因产生影响。例如森等（2004）发现，消费者对采用主动型社会责任战略与采取被动型社会责任战略的企业所持有的态度是不同的，对采用主动型社会责任战略的企业，消费者的态度会更加有利。可以推断，相比较与企业绩效联系密切的战术型社会责任（如按照销售业绩百分比来提取捐款额）而言，消费者对战略型社会责任更加有好感，因为后者更容易让消费者感到企业是在用心做好事，而不是将社会责任作为一种促销手段。因此当危机发生后，实施战略型社会责任的企业更容易为消费者所谅解，消费者对该企业危机的归因会更加有利。

相比企业负责任的行为，消费者对不负责任的企业行为更加敏感。这是一种不对称效应，即企业“做坏事”的破坏程度要远大于企业“做好事”所带来的积极效应。相比较实施战术型社会责任的企业而言，若企业实施战略型社会责任，那么消费者会认为该企业更加负责任，进而对该企业的负面信息产生淡化心理或反应迟钝（有意或无意的），即消费者会忽视或原谅企业所犯的具有偶然性的、可能是由于失误所造成的过错。

综上所述，提出以下假设。

H2：企业社会责任类型对消费者危机事件归因及企业责备程度有显著影响。

H2a：当企业实施战略型社会责任活动时，相比较于战术型社会责任活动，消费者更倾向于对危机事件进行外部归因，而非内部归因，对企业责备程度也更低。

H2b：当社会实施战略型社会责任活动时，相比较于战术型社会责任活动，消费者更倾向于认为危机事件是偶然发生，而非企业一直存在的问题，对企业责备程度也更低。

H2c：当企业实施战略型社会责任活动时，相比较于战术型社会责任活动，消费者更倾向于认为危机事件是企业所不可控制的，对企业责备程度也更低。

三、消费者归因的中介作用

在企业社会责任与消费者反应关系中，很多情况下企业社会责任并不是直接对消费者反应产生影响，而是通过一些中介变量发挥间接影响作用，这些中介变量包括消费者对企业实施社会责任活动动机的感知［尹等（2006）］、顾客个性与企业特征之间的契合度［森等（2001）］等。克莱因等（2004）对产品伤害危机背景下企业社会责任与品牌评价之间的关系进行了研究，认为消费者对产品伤害事件的归因在企业社会责任与消费者对企业的责备之间起到中介作用。尽管此项研究未涉及企业社会责任类型，对企业社会责任的划分按照积极和消极水平进行划分，与本研究中将社会责任分为高水平和低水平的划分法有所区别，但内在作用机制是一样的。

综上所述，提出以下假设。

H3a：在危机事件中，消费者归因在企业社会责任活动类型对企业责备程度的影响中起到中介作用。

H3b：在危机事件中，消费者归因在企业社会责任水平对企业责备程度的影响中起到中介作用。

综合以上假设，本研究提出以下模型，如图 3－1 所示。

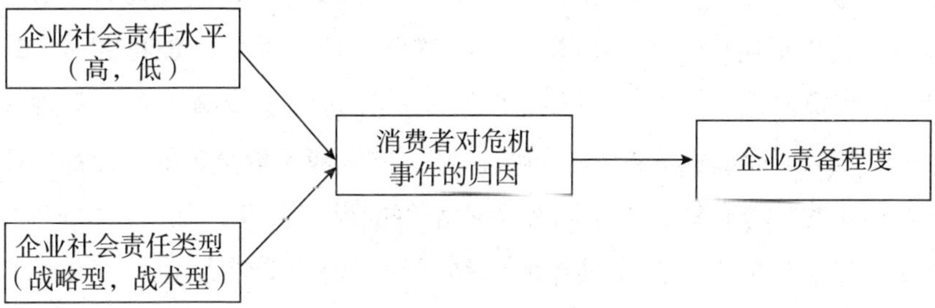

图 3－1　企业社会责任对危机归因及企业责备程度的影响①

第二节　研究设计

一、实验设计

本研究采用 2（企业社会责任水平：高，低）×2（企业社会责任类型：

① 在该模型中，企业社会责任水平的高、低均是就正面企业社会责任而言，不涉及负面企业社会责任，与一些文献如克莱因等（2004）将企业社会责任划分为积极企业社会责任和消极企业社会责任是两个概念，在这些文献中消极企业社会责任往往具有负面性。

战略型，战术型）两因素被试间完全随机实验设计（Between—groups Design），来分析企业社会责任水平与企业社会责任类型对消费者危机事件归因、消费者对企业的责备程度等变量的影响。相对于被试内实验设计（Within—groups Design），被试间设计由于通过不同被试来测试因素的不同处理水平，因此可以避免、减少由练习和疲劳等遗留效应或顺序效应所引起的混淆①。在本研究中，被试被随机分成五组，除控制组外，其余四组分别参加两个因素的不同水平处理，即高水平企业社会责任和战略型企业社会责任、高水平企业社会责任和战术型企业社会责任、低水平企业社会责任和战略型企业社会责任、低水平企业社会责任和战术型企业社会责任。

二、实验情境

关于危机事件背景的设计，主要参考相关研究的做法。在组织危机研究中，引起危机的事件一般被分为两类：一类是由于技术或产品失败方面原因引起的；另一类是由于社会价值观（Social in Nature）方面引起的［马库斯等（1991），什里瓦斯塔瓦等（1987）］。与该划分法相类似，普利格等（2006）在研究中将负面品牌曝光也划分为两类：一类是基于业绩的负面品牌曝光，如涉及具体的产品属性等方面的问题；另一类是基于价值观的负面品牌曝光，不涉及具体的品牌属性，而是与社会或伦理问题有关联，如组织中存在的性别歧视等问题，尽管不涉及具体的产品属性，但会影响品牌的象征性利益。目前许多营销研究中主要以基于业绩的负面品牌曝光，尤其是产品失败作为危机事件的背景。考虑到在中国近几年来产品质量问题层出不穷，且一直被消费者关注，因此本研究也采用产品质量出现问题作为危机事件背景。

对于企业社会责任不同水平的操控，借鉴古汉·坎利等（2004）在企业形象对产品评价的影响研究中所采用的方法，即以《福布斯》杂志每年一度的名为“最受欢迎企业”声誉调查排行榜来控制企业品牌强弱水平，强势品牌在该排行榜中名次靠前，弱势品牌名次靠后。本研究也以一个虚拟的社会责任排行榜单来操控企业社会责任水平，社会责任水平高的企业在排行榜单

① 舒华，张亚旭．心理学研究方法［M］．北京：人民教育出版社，2008：106.

中名次靠前，社会责任水平低的企业在排行榜单中名次靠后，但所有上排行榜的企业，均实施积极的社会责任行为。

对企业社会责任类型的操控。社会责任类型分类繁多，如迈尼昂（2001）认为应包括经济、法律、伦理和慈善等责任；森等（2001）认为社会责任活动包括社区支持、多样化、员工支持、环境保护等；大卫等（2005）在研究中则将社会责任活动分为道德（伦理）实践、慈善实践、关系实践三种类型。在中国，环境保护问题是社会关注热点，许多企业也因环境保护不力而被媒体报道、消费者关注，因此环境责任是消费者比较熟悉的内容，故本研究采用环境保护作为企业社会责任内容。对战略型社会责任，虚拟材料中以企业不计条件的主动捐款来描述；对战术型社会责任，则采用善因营销（Cause-related Marketing，简称 CRM）的概念，将企业投入环境保护的捐款额与产品销售联系起来。实验情境材料见附录 B。

三、实验过程

正式实验之前，为了验证实验刺激材料是否符合要求以及对企业社会责任类型和社会责任水平的操控是否得当，由 32 名经济管理专业本科生（男生 18 人，女生 14 人）参加了预实验。考虑到若采用市场上已存在品牌名称作为实验材料，实验结果可能会受到消费者先期品牌认知的影响，因此在实验中虚拟了一个名为“畅优”的奶制品品牌名称，预实验结果显示，被试对该名称的认可率达到 89.7%，说明被试认为实验材料具有真实性。另外，采用 7 点李克特量表（Likert Scale）对企业社会责任水平和社会责任类型进行了前测，发现对于企业社会责任两个水平的感知差异明显（$M_{CSR高}=6.21$；$M_{CSR低}=4.85$，$p<0.01$），对于企业社会责任类型的感知差异也非常显著（$M_{CSR战略}=5.76$；$M_{CSR战术}=3.19$，$p<0.01$），说明实验操纵成功，适合进行正式实验。

正式实验开始后，将实验材料发放给被试，首先请被试阅读有关“畅优”牌牛奶危机发生前实施社会责任活动以及危机发生事件等背景材料，然后由被试对问卷中的问项进行回答，最后由实验人员收集问卷。整个实验时长约为 30 分钟，参加本次实验的被试可以获得一套印有学校标志的文化衫作为报酬。

四、变量测量

对危机归因及责备程度的测量主要借鉴克莱因等（2004）在研究中所采用过的量表。

危机的“发生源归因”通过两个测项来测量，借鉴克莱因等（2004）的处理方法，首先让被试列出当下企业出现问题的可能根源，然后让被试对问题发生源的可能性分配权重（权重之和为100%），最后发生源的测量通过两个指标进行：（1）××企业在所有可能发生源中所占比例；（2）××企业在所有可能发生源中所起作用。

“稳定性归因”包括四个测项：（1）你认为本次危机事件是由于××企业内部一直存在的问题引起的吗？还是一次偶然事件？（2）你认为未来××企业再次发生类似事件的概率有多大？（3）你认为以前××企业发生类似事件的概率有多大？（4）你认为本次事件对××企业而言具有典型性吗？

“可控性归因”包括两个测项：（1）××企业在多大程度上能控制此次事件的发生？（2）××企业完全有能力制止事件的发生。

“责备程度”包括三个测项：（1）你认为××企业应对本次危机事件负责吗？（2）你认为××企业对本次危机事件应承担多大责任？（3）本次事件完全是××企业的错。

另外，还增加了对企业社会责任类型和社会责任水平的操控测量。其中，企业社会责任活动类型操控测量包括两个测项：（1）××企业实施的社会责任活动是长期持续的，而非一时之举；（2）××企业实施社会责任活动除了考虑自身利益，还考虑到了社会利益。企业社会责任水平操控测量包括两个测项：（1）与行业平均水平相比，我认为××企业的社会责任水平较高；（2）我认为××企业是一个负责任的企业。

量表采用7点李克特量表进行评分。“1”代表最负面的回答，在词语上用“完全不赞同”来表述，“7”代表最正面的回答，在词语上用“完全赞同”来表述。

第三节　数据分析与假设检验

一、样本分布及信度分析

本研究实验对象为某高校经济管理相关专业大三、大四学生及研究生，实验对象的选择为随机抽取，共有170位同学参加试验，被试对象平均年龄为22.15岁，男生为92人，所占比例为54.12%，女生为78人，所占比例为45.88%。其中，大三学生有65人，占38.23%，大四学生有52人，占30.59%，研究生有53人，占31.18%。最后共回收问卷170份，其中经过反向测项测试，发现有5份问卷为无效问卷，因此实际回收有效问卷165份。分组情况为：T1组（战略型社会责任，高水平社会责任）为35份；T2组（战略型社会责任，低水平社会责任）为34份；T3组（战术型社会责任，高水平社会责任）为35份；T4组（战术型社会责任，低水平社会责任）为34份，控制组为27份。

利用SPSS13.0软件对每个因变量进行信度分析，各变量的克朗巴哈系数（Cronbach's α）分布在0.629～0.800，具体为：发生源归因0.629；稳定性归因0.795；可控性归因0.800；责备程度0.763。除了发生源归因变量的克朗巴哈系数（0.629）低于0.70以外，其余变量的克朗巴哈系数值均在0.70以上。根据海尔等（1998）的建议，当变量测项小于6个时，只要克朗巴哈系数值大于0.60，就表明数据是可靠的，而发生源归因变量的测项只有2个，信度大于0.60，符合标准。因此从总体上看，量表变量内部测项之间具有较高的相关度，一致性水平高，量表具有较高的信度水平。

二、社会责任水平对危机归因的影响分析

为了分析不同社会责任水平组别之间是否在归因变量及责备程度变量上存在差异，需要以企业社会责任水平作为分组变量进行单因素多元方差分析（One-way MANOVA）。在进行数据分析之前，需要检查数据是否具备多元方差分析所要求的性质及其假设条件：（1）因变量是否正态分布；（2）因变量

是否具有相同方差；（3）因变量之间是否足够相关。[①] 对于条件一，通过观察四个因变量的残差正态标绘图及残差趋势正态标绘图发现，因变量近似正态分布；对于条件二，多元同质性检验结果显示，博克斯 M（Box's M）检验值为 52.338，p 值为 0.364，未达到显著性水平，说明同质性好，数据通过同质性检查；对于条件三，巴特利特（Bartlett）球形检验显示 p 值为 0.017，小于 0.05 显著性水平，说明因变量之间相关水平较高，可以进行多元方差分析。

多元方差检验结果显示（见表 3－1），四种检验指标的 α 值均小于 0.05，均得出统计显著的结论。因此可以拒绝无差异假设，认为不同社会责任水平之间在消费者危机事件归因及企业责备程度方面存在显著差异，假设 H1 成立。

表 3－1　　多元方差检验（企业社会责任水平）

检验名称	值（Value）	显著性水平
皮莱斯追踪（Pillais Trace）	0.804	0.000
威尔克斯·拉姆达（Wilks Lambda）	0.287	0.010
霍特林追踪（Hotelling's Trace）	2.161	0.015
罗伊最大根（Roy's Largest Root）	2.001	0.000

不同组别之间在危机事件归因及企业责备程度上的均值分布如表 3－2 所示。可以初步看出，相比较于企业社会责任低水平组，若企业社会责任水平高，则消费者倾向于认为危机事件是发生在企业外部、不具有稳定性、不可控，对企业责备程度较低；而相比较于控制组，无论是企业社会责任水平高还是低，在发生源、稳定性、可控性、责备程度四个维度上，指标都相对表现良好，即只要企业采取社会责任活动，无论水平高低，均要比未实施社会责任活动的企业获得更好的消费者反应。

① 郭志刚．社会统计分析方法——SPSS 软件应用［M］．北京：中国人民大学出版社，1999：265.

表 3-2 危机事件归因及企业责备程度的均值分布（基于 CSR 水平）

组别	统计项	维度名称			
		发生源	稳定性	可控性	责备程度（反向）
CSR 高水平	平均值	5.2571	5.3536	5.7000	5.3143
	标准误	0.7836	0.5749	0.5135	0.6492
CSR 低水平	平均值	3.6103	3.8713	3.9118	3.6275
	标准误	0.8189	0.1662	0.7146	0.5156
控制组	平均值	3.3519	2.5463	2.1481	2.1111
	标准误	0.7943	0.6006	0.9073	0.5310

当然，上述结论只是初步的结果，由于多元方差分析只是从整体上表明组间差异显著，具体在哪些变量上存在差异、差异是否显著，还需要更详细的比较和假设检验才能得出，为此需要用一元方差进行进一步分析。一元方差分析结果如表 3-3 所示。从方差分析结果看，企业社会责任高水平组、低水平组及控制组除发生源变量在 0.05 水平上呈现出显著差异性外，其余稳定性、可控性、责备程度三个变量均在 0.01 水平上呈现出显著差异性。

表 3-3 不同社会责任水平之间危机归因及责备程度差异分析

变量名称	组间/组内差异	方差总和	自由度	平均方差	F 值	显著性水平
发生源	组间	120.565	2	60.283	71.178	0.013*
	组内	137.202	162	0.847		
	总计	257.767	164			
稳定性	组间	173.189	2	86.594	113.702	0.000**
	组内	123.378	162	0.762		
	总计	296.567	164			
可控性	组间	271.367	2	135.684	92.911	0.000**
	组内	236.578	162	1.460		
	总计	507.945	164			
责备程度	组间	225.198	2	112.599	95.847	0.000**
	组内	190.314	162	1.175		
	总计	415.512	164			

注：* 代表在 0.05 水平上显著，** 代表在 0.01 水平上显著。

为了进一步分析企业社会责任高水平组、低水平组和控制组在四个变量上的差异方向，可以在各变量上进行多重比较，比较结果如表3－4所示。可以看出，除企业社会责任水平低水平组与控制组在“发生源”变量上的均值差未通过显著性检验外，其余均值差均通过α为0.05的显著性水平检验，并且企业社会责任高水平组在四个变量上的均值都要高于低水平组，假设H1a、假设H1b、假设H1c得到验证。另外，高水平组在四个变量上均值均高于控制组，低水平组在稳定性、可控性、责备程度三个变量上均值均高于控制组，这说明，无论企业社会责任水平高低，只要企业实施社会责任活动，总体上来说要比不实施社会责任活动的控制组在相关指标上表现好。因此企业实施社会责任活动，对企业危机具有一定缓冲作用。但从数据统计上也看出，在“发生源”这一归因变量上，低水平组与控制组未表现出显著差异性，即如果企业社会责任水平低，那么即使企业实施社会责任活动，相比于未实施任何社会责任活动的企业而言，在危机发生地归因上未见得有优势。也就是说，当危机发生时，若想让消费者相信危机并非企业内部原因而是外因所致，那么还需企业提高社会责任水平。因此，就企业社会责任活动而言，企业要持有认真负责的心态。

表3－4　不同社会责任水平之间危机归因及责备程度的多重比较

变量	(I) 分组	(J) 分组	均值差（I－J）	标准误	显著性水平
发生源	CSR高水平组	CSR低水平组	1.6468*	0.16120	0.000
	CSR高水平组	控制组	1.9053*	0.17929	0.000
	CSR低水平组	控制组	0.2584	0.20146	0.496
稳定性	CSR高水平组	CSR低水平组	1.4822*	0.15728	0.000
	CSR高水平组	控制组	2.8073*	0.13448	0.000
	CSR低水平组	控制组	1.3250*	0.18269	0.000
可控性	CSR高水平组	CSR低水平组	1.7882*	0.21680	0.000
	CSR高水平组	控制组	3.5519*	0.18510	0.000
	CSR低水平组	控制组	1.7636*	0.27153	0.000
责备程度	CSR高水平组	CSR低水平组	1.6868*	0.19950	0.000
	CSR高水平组	控制组	3.2032*	0.12883	0.000
	CSR低水平组	控制组	1.5163*	0.21030	0.000

注：*代表均值差在0.05水平上显著。

三、社会责任类型对危机归因的影响分析

用同样的方法，对社会责任类型对危机归因及责备程度的影响进行分析。不同组别之间在危机事件归因及企业责备程度上的均值分布如表3－5所示。可以初步看出，相比较于战术型企业社会责任组，若企业实施战略型社会责任，消费者认为危机事件是发生在企业外部、不具有稳定性、不可控的程度会更高，对企业责备程度也更低；而相比较于控制组，无论是企业社会责任属于战略型还是战术型，在发生源、稳定性、可控性、责备程度四个变量上，指标都相对表现良好。

为了进一步判断变量的组间差异是否显著，需再次进行一元方差分析，结果如表3－6所示。从方差分析结果看，社会责任战略组、战术组及控制组在发生源、稳定性、可控性、责备程度四个变量上的均值均存在差异，且差异在0.01水平上较显著，因此假设H2成立。

表3－5 危机事件归因及企业责备程度的均值分布（基于CSR类型）

组别	统计项	变量名称			
		发生源	稳定性	可控性	责备程度（反向）
战略型CSR	平均值	5.0362	4.7572	5.5435	5.0097
	标准误	0.6248	0.6530	0.6108	0.7861
战术型CSR	平均值	4.0435	4.2471	4.3551	3.9324
	标准误	0.4605	0.2448	1.0297	0.7031
控制组	平均值	3.3519	2.5463	3.1481	3.1101
	标准误	0.7943	0.6005	0.9073	0.5314

表3－6 不同社会责任类型之间危机归因及责备程度差异分析

变量名称	组间/组内差异	方差总和	自由度	平均方差	*F*值	显著性水平
发生源	组间	75.149	2	37.575	33.332	0.003*
	组内	182.618	162	1.127		
	总计	257.767	164			

续 表

变量名称	组间/组内差异	方差总和	自由度	平均方差	F 值	显著性水平
稳定性	组间	152.886	2	76.443	86.190	0.000*
	组内	143.680	162	0.887		
	总计	296.566	164			
可控性	组间	233.531	2	116.765	68.932	0.000*
	组内	274.415	162	1.694		
	总计	507.946	164			
责备程度	组间	168.907	2	84.453	55.479	0.000*
	组内	246.605	162	1.522		
	总计	415.512	164			

注：* 代表在 0.01 水平上显著。

对企业社会责任战略组、战术组和控制组在四个变量上进行多重比较，比较结果如表 3-7 所示。与基于企业社会责任水平的组间检验结果类似，除企业社会责任战术组与控制组的在“发生源”变量上的均值差未通过显著性检验外,[①] 其余均值差均通过 α 为 0.05 的显著性水平检验。企业社会责任战略组在四个变量上的均值都要高于战术组，假设 H2a、假设 H2b、假设 H2c 得到验证。另外，战略组在四个变量上均值均高于控制组，战术组在稳定性、可控性、责备程度三个变量上均值均高于控制组，这说明，无论企业社会责任水平高低，只要企业实施社会责任活动，无论是战略型还是战术型，总体上来说要比不实施社会责任活动的控制组在相关指标上表现好。同样证实了企业社会责任活动对企业危机具有缓冲作用。

表 3-7　不同社会责任类型之间危机归因及责备程度的多重比较

变量	（I）分组	（J）分组	均值差（I-J）	标准误	显著性水平
发生源	CSR 战略组	CSR 战术组	1.1812*	0.18821	0.000
	CSR 战略组	控制组	1.6844*	0.18912	0.000
	CSR 战术组	控制组	0.5032	0.21541	0.065

① 显著性 P 值为 0.065，因此尽管未通过 0.05 显著性水平检验，但在 0.1 显著性水平上差异显著。

续　表

变量	(I) 分组	(J) 分组	均值差 (I-J)	标准误	显著性水平
稳定性	CSR 战略组	CSR 战术组	1.2681*	0.16918	0.000
	CSR 战略组	控制组	2.7110*	0.13979	0.000
	CSR 战术组	控制组	1.4428*	0.18922	0.000
可控性	CSR 战略组	CSR 战术组	1.4493*	0.23221	0.000
	CSR 战略组	控制组	3.3953*	0.18948	0.000
	CSR 战术组	控制组	1.9461*	0.28109	0.000
责备程度	CSR 战略组	CSR 战术组	1.1014*	0.22582	0.000
	CSR 战略组	控制组	2.9227*	0.13930	0.000
	CSR 战术组	控制组	1.8213*	0.22909	0.000

注：* 代表均值差在 0.05 水平上显著。

四、社会责任类型与社会责任水平的交互作用检验

将控制组样本剔除，以社会责任类型、社会责任水平为自变量，以发生源、稳定性、可控性、责备程度为因变量进行多元方差分析，社会责任类型与社会责任水平交互作用检验结果如表 3-8 所示。

表 3-8　组间交互效应检验（基于 CSR 类型与 CSR 水平）

方差来源	因变量	平方和	自由度	均方	F 值	显著性水平
修正模型	发生源	126.010 (a)	3	42.003	95.364	0.017
	稳定性	140.813 (b)	3	46.938	160.279	0.001
	可控性	144.724 (c)	3	48.241	78.223	0.000
	责备程度	144.042 (d)	3	48.014	139.398	0.002
截距	发生源	2828.848	1	2828.848	6422.576	0.000
	稳定性	2902.226	1	2902.226	9910.317	0.000
	可控性	3153.997	1	3153.997	5114.169	0.000
	责备程度	2748.879	1	2748.879	7980.744	0.003
CSR 类型	发生源	34.103	1	34.103	77.426	0.000
	稳定性	42.529	1	42.529	145.225	0.001
	可控性	27.175	1	27.175	44.064	0.000

续 表

方差来源	因变量	平方和	自由度	均方	F 值	显著性水平
	责备程度	39.762	1	39.762	115.440	0.000
CSR 水平	发生源	91.601	1	91.601	207.970	0.000
	稳定性	85.803	1	85.803	292.996	0.000
	可控性	99.069	1	99.069	160.639	0.001
	责备程度	98.734	1	98.734	286.651	0.000
CSR 类型 * CSR 水平	发生源	0.407	1	0.407	0.924	0.338
	稳定性	13.154	1	13.154	44.918	0.000
	可控性	19.131	1	19.131	31.021	0.000
	责备程度	5.984	1	5.984	17.374	0.000
误差	发生源	59.021	134	0.440		
	稳定性	39.242	134	0.293		
	可控性	82.640	134	0.617		
	责备程度	46.155	134	0.344		
总和	发生源	3029.250	138			
	稳定性	3097.375	138			
	可控性	3398.250	138			
	责备程度	2954.778	138			
校正总和	发生源	185.031	137			
	稳定性	180.054	137			
	可控性	227.364	137			
	责备程度	190.197	137			

注：（a）$R^2=0.681$（调整 $R^2=0.674$）；（b）$R^2=0.782$（调整 $R^2=0.777$）；（c）$R^2=0.637$（调整 $R^2=0.628$）；（d）$R^2=0.757$（调整 $R^2=0.752$）。

从数据分析可以看出，企业社会责任类型与社会责任水平交互作用除在发生源归因［$F(1, 134)=0.924$，$p=0.338$］上不显著外，在稳定性归因［$F(1, 134)=44.918$，$p<0.001$］、可控性归因［$F(1, 134)=31.021$，$p<0.001$］，以及责备程度［$F(1, 134)=17.374$，$p<0.001$］三个变量上均存在显著性。

社会责任类型与社会责任水平二者交互作用对四个变量的影响可以通过

图3－2、图3－3、图3－4、图3－5[①]来直观地显示。

从图3－2可以看出，无论企业采取战略型社会责任行为还是战术型社会责任行为，当企业社会责任水平高时，对危机发生源的归因都要有利于社会责任水平低时，因此二者并不存在交互作用，但可以直观地看出，企业社会责任水平越高，被试越认为危机是由于企业外部原因而非内部原因所致。当企业采取战略型社会责任行为时，无论社会责任水平高低，被试对危机发生源归因都比较有利，从图上看发生源归因超过了中值4，即认为危机是由企业外部原因所导致；而当企业采取战术型社会责任时，若社会责任水平高，被试倾向于认为危机发生源为企业外部（均值超过4），但若社会责任水平低，则被试倾向于认为发生源为企业内部（均值低于4）。

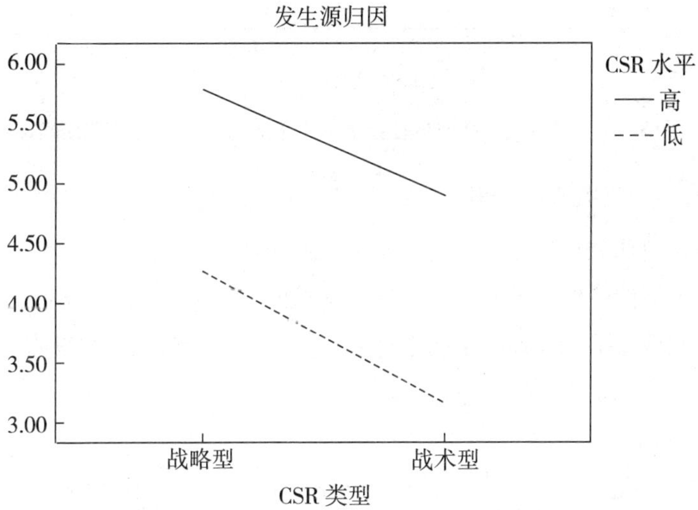

图3－2　社会责任类型与社会责任水平对危机发生源归因的影响

从图3－3可以看出，当企业社会责任水平高时，无论采取战略型社会责任还是战术型社会责任，被试都具有较高的稳定性归因，即倾向于认为危机是偶然发生而非必然发生；但当企业社会责任水平低时，若企业采用战略型

① 在本研究的问卷设计中，运用李克特量表对各变量测量时，"1"代表最不利的回答，"7"代表最有利的回答，因此在图3－2、图3－3、图3－4、图3－5中，数值越高，意味着对危机的归因越倾向于外部归因、偶然性发生、不可控，对企业责备程度越低。

社会责任，在稳定性归因水平上要远高于战术型社会责任。二者交互作用很明显。

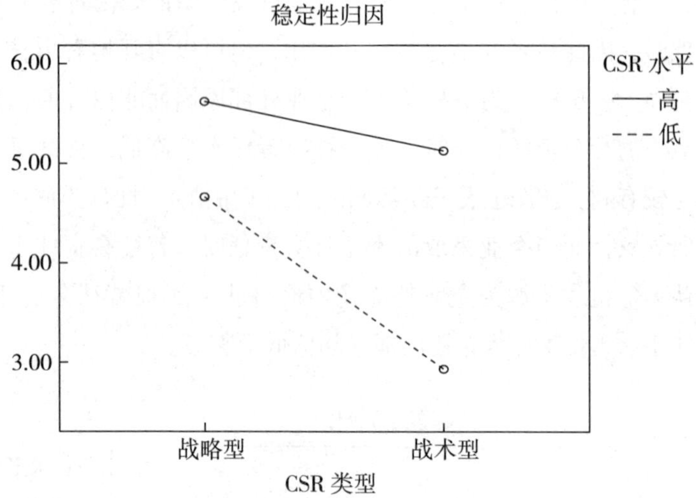

图 3－3　社会责任类型与社会责任水平对危机稳定性归因的影响

从图 3－4 可以看出，当企业社会责任水平高时，无论采取战略型社会责任还是战术型社会责任，被试都具有较高的可控性归因，即倾向于认为危机是企业不可控的；但当企业社会责任水平低时，若企业采用战略型社会责任，在可控性归因水平上要远高于战术型社会责任。二者交互作用很明显。

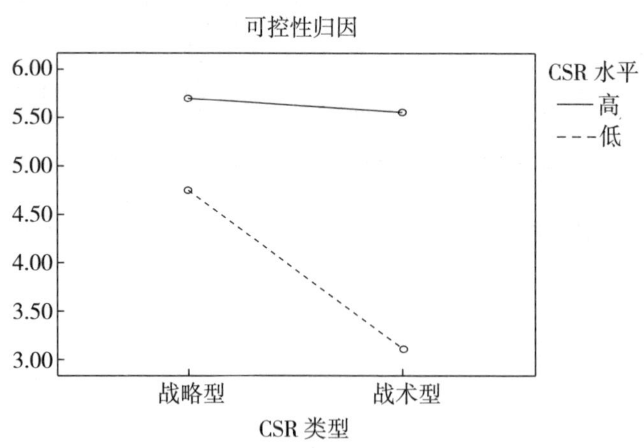

图 3－4　社会责任类型与社会责任水平对危机可控性归因的影响

从图 3 - 5 可以看出，当企业社会责任水平高时，无论采取战略型社会责任还是战术型社会责任，被试对企业责备程度较低;[①] 但当企业社会责任水平低时，相比较于企业采用战略型社会责任，若企业采取战术型社会责任，则被试对企业的责备程度会较高。可见二者交互作用明显。

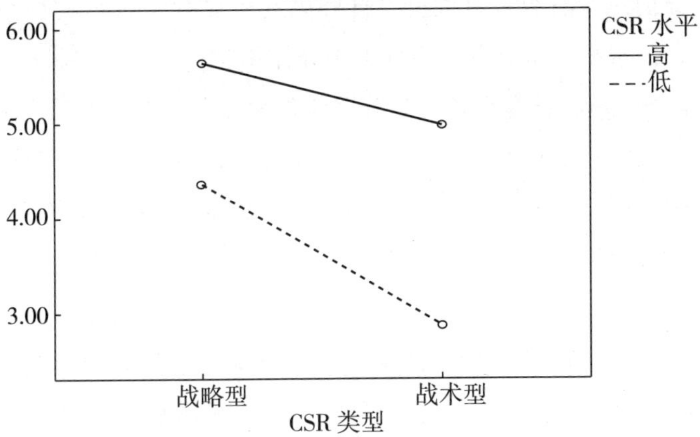

图 3 - 5　社会责任类型与社会责任水平对企业责备程度的影响

五、消费者归因的中介检验

根据巴伦等（Baron et al. , 1986）提出的方法，通过对三个回归方程中回归系数的显著性检验来进行中介效应检验。[②]

在进行回归分析前，首先将社会责任类型和社会责任水平两个分类变量转换为虚拟变量（见表 3 - 9）。

表 3 - 9　虚拟变量赋值

变量名称	原变量编码值	虚拟变量赋值操作
社会责任类型（CSR Type）	CSR Type = 1（战略型） CSR Type = 2（战术型）	C Type = 1 C Type = 0

① 因为采用反向问题，因此对企业责备程度越低，在问卷上得分反而越高。

② 巴伦等（1986）所提出的检验中介变量的方法被广泛运用，截至 2009 年，该方法已被应用 12688 次。

续 表

变量名称	原变量编码值	虚拟变量赋值操作
社会责任水平（CSR Level）	CSR Level = 1（高水平） CSR Level = 2（低水平）	C Level = 1 C Level = 0

接下来分别检验消费者对危机事件归因在企业社会责任类型与责备程度之间，社会责任水平与责备程度之间的中介作用。

（一）危机归因在社会责任类型与责备程度之间的中介作用检验

分三个步骤进行回归分析，第一步，以社会责任类型为自变量，责备程度为因变量进行回归分析，发现社会责任类型对责备程度具有显著影响［F（1，136）=35.448，$p<0.001$，调整 $R^2=0.201$，$b=0.455$，$t=5.954$，$p<0.001$］。

第二步，以社会责任类型为自变量，分别以发生源、稳定性、可控性为因变量进行回归分析，发现社会责任类型能显著影响发生源归因［F（1，136）=30.618，$p<0.001$，调整 $R^2=0.178$，$b=0.429$，$t=5.533$，$p<0.001$］、稳定性归因［F（1，136）=41.189，$p<0.001$，调整 $R^2=0.227$，$b=0.482$，$t=6.418$，$p<0.001$］，以及可控性归因［F（1，136）=17.961，$p<0.001$，调整 $R^2=0.110$，$b=0.342$，$t=4.238$，$p<0.001$］。

第三步，以社会责任类型、发生源、稳定性、可控性为自变量，责备程度为因变量进行回归分析，回归方程显著性水平高［F（4，133）=73.421，$p<0.001$，调整 $R^2=0.679$］，在四个自变量中，发生源（$b=0.148$，$t=1.979$，$p<0.1$）、稳定性（$b=0.398$，$t=4.734$，$p<0.001$）、可控性（$b=0.331$，$t=4.908$，$p<0.001$）对责备程度影响显著，而企业社会责任类型对责备程度的影响则不显著（$b=0.086$，$t=1.552$，$p=0.123>0.1$），按照巴伦等（1986）的方法，说明消费者的危机归因在社会责任类型与责备程度之间起到完全中介（Full Mediation）作用。假设 H3a 得到验证（检验结果见表 3－10）。

表 3－10　　　消费者归因中介作用检验（基于社会责任类型）

回归步骤	因变量	调整后 R^2	自变量	*Beta* 值	*t* 值	*p* 值
一	责备程度	0.201	CSR 类型	0.455	5.954	0.000
二	发生源	0.178	CSR 类型	0.429	5.533	0.000
	稳定性	0.227		0.482	6.418	0.000
	可控性	0.110		0.342	4.238	0.000
三	责备程度	0.679	CSR 类型	0.086	1.552	0.123
			发生源	0.148	1.979	0.050
			稳定性	0.398	4.734	0.000
			可控性	0.331	4.908	0.000

（二）危机归因在社会责任水平与责备程度之间的中介作用检验

采用同样的检验方法对危机归因在社会责任水平与责备程度之间的中介作用进行检验。检验结果见表 3－11。

表 3－11　　　消费者归因中介作用检验（基于社会责任水平）

回归步骤	因变量	调整后 R^2	自变量	*Beta* 值	*t* 值	*p* 值
一	责备程度	0.516	CSR 水平	0.720	12.117	0.000
二	发生源	0.491	CSR 水平	0.704	11.547	0.000
	稳定性	0.473		0.690	11.127	0.000
	可控性	0.432		0.660	10.248	0.000
三	责备程度	0.695	CSR 水平	0.230	3.078	0.003
			发生源	0.078	1.002	0.318
			稳定性	0.380	4.686	0.000
			可控性	0.264	3.807	0.000

以社会责任水平为自变量，责备程度为因变量构建第一个回归方程，结果显示社会责任水平对责备程度具有显著影响［F（1，136）$=146.810$，$p<0.001$，调整 $R^2=0.516$，$b=0.720$，$t=12.117$，$p<0.001$］。以社会责任水平为自变量，分别以发生源、稳定性、可控性为因变量构建第二个回归方程，发现社会责任类型能显著影响发生源归因［F（1，136）$=133.339$，$p<0.001$，调整 $R^2=0.491$，$b=0.704$，$t=11.547$，$p<0.001$］、稳定性归因［F（1，136）$=$

123.811，$p<0.001$，调整 $R^2=0.473$，$b=0.690$，$t=11.127$，$p<0.001$]，以及可控性归因［F（1，136）$=105.019$，$p<0.001$，调整 $R^2=0.432$，$b=0.660$，$t=10.248$，$p<0.001$］。以社会责任类型、发生源、稳定性、可控性为自变量，责备程度为因变量构建第三个回归方程，结果显示方程显著性水平高［F（4，133）$=78.987$，$p<0.001$，调整 $R^2=0.695$］，在四个自变量中，除发生源（$b=0.078$，$t=1.002$，$p=0.318>0.1$）对责备程度影响不显著外，其余三个变量，即企业社会责任水平（$b=0.230$，$t=3.078$，$p<0.01$）、稳定性（$b=0.380$，$t=4.685$，$p<0.001$）、可控性（$b=0.264$，$t=3.807$，$p<0.001$）均对责备程度影响显著，由于企业社会责任水平对责备程度影响显著，根据巴伦等（1986）的方法，说明消费者的危机归因在社会责任水平与责备程度之间起到部分中介（Partial Mediation）作用。假设 H3b 得到验证。

第四节　本章小结

在危机情境下，企业面临三个关键阶段，即危机发生阶段、企业作出反应阶段及消费者购买阶段。本部分针对第一个阶段即危机发生阶段消费者最关心的问题——“谁应该对危机负责”进行了研究。

以往大量研究已经证实，在正常情境下，企业社会责任会对诸如购买意愿、顾客满意、消费者评价等消费者反应变量起到正面影响作用。本研究通过实证研究证实，在企业危机情境下，企业社会责任对消费者反应（危机归因与对企业的责备）仍会起到正面影响作用。实证分析结果表明，不同社会责任水平对消费者危机归因以及企业责备程度的影响不同，并且影响效果表现出显著差异性。首先，企业社会责任高水平组与低水平组在危机归因的三个变量即发生源、稳定性、可控性上差异显著，也就是说，企业社会责任水平越高，消费者越倾向于认为危机是企业外部原因所导致，越倾向于认为危机是偶然发生的，越倾向于认为危机是企业不能控制的。其次，不仅企业社会责任高水平组在危机归因三个变量上与控制组差异显著，低水平组在除“发生源”外的另两个归因变量上也与控制组差异显著，这说明，只要企业实施积极的、正面的社会责任行为，不管水平高低，在危机归因上都能比未实施社会责任活动的企业获得更有利的归因结果。

企业社会责任水平对企业责备程度的影响效果类似。社会责任高水平组对危机企业的责备程度要低于低水平组，低水平组对危机企业的责备程度要低于控制组。从社会责任水平对危机归因及企业责备程度变量的影响上看，充分证实了企业社会责任对危机具有缓冲效应。

社会责任类型对危机归因及企业责备程度的影响与社会责任水平表现类似。实证分析结果表明，战略型社会责任组在危机归因、企业责备程度变量指标上要优于战术型社会责任组，而战术型社会责任组在上述指标上又优于控制组，同样证实了企业社会责任的危机缓冲效应，但从数据分析结果可以看出，战术型社会责任组在发生源、稳定性、可控性、责备程度四个变量上的均值徘徊在中值附近，即3.9～4.3，而战略型社会责任组在4.7～5.5，说明战略型社会责任组倾向于认为危机是源于企业外部、偶然的、企业所不可控制的，对企业责备程度低，而战术型社会责任组则基本持中立立场。

企业社会责任水平与社会责任类型对消费者危机归因及企业责备程度的影响，可以用范等（Pham et al.，2002）提出的“搜寻—联合”模型（Search-and-Alignment Model）来解释。该模型认为，当消费者收到新信息，并且这些信息可能会对其以前的态度形成挑战时，消费者会积极地进行记忆搜索来寻找信息，以支持其以前的态度。并且消费者会将新信息与形成以前态度的信息进行比较、分析、权衡，然后对新的情形进行判断评估，两类信息的联合会产生进一步的影响效果。若危机前企业社会责任表现较好（如社会责任水平高，采用战略型社会责任等），就会给消费者以良好印象，当危机发生时，消费者会收集企业的这些正面信息对危机进行解释、研判，为了支持其以前的态度（如对社会责任表现好的企业产生好感），消费者会更倾向于将危机发生原因归于企业以外的因素，同时对企业责备程度也会下降。

第四章　企业社会责任对危机反应方式与信任关系的影响①

营销学者贝里（Berry）于1983年提出了关系营销概念，其核心是通过吸引、维持和增强与顾客的关系来保持顾客。保持顾客关系可谓是营销的核心，企业之间的竞争最初表现在吸引顾客上，但真正决定企业竞争优势的还是其保持顾客的能力。如何保持顾客？让顾客（保持）信任感是关键所在。对危机发生后的企业而言，若顾客仍对企业持有信任感，则会继续从企业购买产品；若不信任，则顾客会中断同企业的关系。因此，作为一个重要的消费者反应变量，企业必须对消费者信任加以关注，尤其对发生危机的企业而言。因为对企业的信任，最终能转化成消费者的购买意愿或行为，而在危机发生后第二个关键阶段，即企业作出反应阶段，消费者对企业的信任很大程度上取决于企业的危机反应方式，而危机发生前的企业社会责任表现又会影响到对二者的关系。

第一节　模型构建与研究假设

信任是一个内涵丰富、范围宽广的概念，许多学者从不同的视角提出了各式各样的定义。同样，信任的前置因素也很多，相关文献［布洛姆奎斯特（Blomqvist，1997）］表明，企业能力、诚实、信誉、社会责任水平等都会成为信任的前置因素。本研究则关注企业危机发生后，企业以前的社会责任行

① 李海廷．企业社会责任、危机反应方式与消费者信任［J］．商业研究，2013（12）：102－108.

为及危机后的反应方式对消费者信任这一心理变量的影响，并在模型中引入了一个中间变量——消费者对危机发生源的归因。

一、企业社会责任与消费者信任的关系

在很多研究中，信任被分为能力信任（Competence Trust）和善意信任（Good-will Trust）［达斯等（Das et al.，1998）］。于坤章等（2009）把善因营销（Cause-related Marketing）情境中的顾客信任划分为两个维度，即能力表现信任和诚实善良信任。前者是指消费者对企业的产品质量、性价比等属性的感知程度，后者是指消费者对企业举办营销活动的真实性、可靠性和善意性等的感知程度。赵延昇等（2009）在构建的结构模型中，将信任作为关系收益与顾客保持之间的一个中介变量。[①] 实证研究发现，社会收益和心理收益对信任具有显著的正面影响，而信任对顾客保持和顾客承诺也具有显著的正面影响。迈耶等（Mayer et al.，1995）对组织信任进行了研究，并提出了一个整合模型，认为能力、善意以及诚实是信任的前因变量。夏永林等（2009）对网络环境下个人与个人间电子商务（C2C）交易中顾客信任的前因进行了研究，发现卖家声誉、结构保障、[②] 忠诚顾客奖励三个因素对顾客信任有直接性的影响，并通过顾客信任对购买倾向产生间接影响，而在影响顾客信任的三个因素中，卖家声誉对顾客信任的影响作用最大。在这些文献中，所谓信任、社会收益、声誉等变量，都可以通过社会责任行为来塑造，甚至有的变量本身就包含在社会责任维度内。乔杜里等（Chaudhuri et al.，2001）则第一次从实证角度分析了基于顾客的无形资源（如信任、忠诚）与企业绩效之间的关系，认为品牌信任与购买忠诚和态度忠诚正相关，并得到了验证。皮瓦托等（Pivato et al.，2008）则通过对有机食品[③]消费者的调查研究发现，企业社会责任影响消费者信任，进而影响到消费者的品牌忠诚，而消费者对零售

---

① 在赵延昇等（2009）构建的研究模型中，关系收益变量包括经济收益、社会收益、心理收益三个维度；顾客保持变量则通过重复消费、口碑推荐意愿和维持关系意愿三个指标来衡量。

② 结构保障指顾客对网络整体安全性的感知，即相关法律和技术支持能否以及在多大程度上保障网上交易安全可靠地进行。

③ 该研究之所以选择有机食品，是因为该类产品能充分反映零售商的企业社会责任政策。

商企业社会绩效（CSP）的感知与消费者对其出售的有机产品的信任正相关。该研究还认为企业实施社会责任活动所导致的第一个结果变量就是利益相关者的信任（Stakeholder Trust），如果消费者认为一个企业是负责任的，那么就会对该企业及其产品持有较高水平的信任。

尽管上述研究结论是在企业正常经营的情境下得出的，并未考虑企业面临危机这一特殊情境，但本研究认为当企业面临危机时，危机前企业所实施的社会责任行为会让消费者对该企业产生正面联想，且该正面联想并不会马上消除，还会影响到消费者的反应行为，因此提出如下假设。

H1：在危机情境中，企业社会责任水平对消费者信任有正向影响：相对于消极的社会责任水平，积极的社会责任水平能促使得到更高的消费者信任。

二、企业社会责任对危机反应与信任关系的影响

危机的发生在一定程度上会破坏企业或品牌在消费者心目中的形象，若危机严重甚至会给企业造成灾难，导致“消费者—品牌关系”的断裂。为了重塑危机后的企业或品牌形象，企业需要进行恰当的危机反应，不同的危机反应方式带来的后果也会不同。恒美广告公司（DDB Needham Worldwide，1995）发现，负面曝光以及企业的处理方式是影响消费者购买决策的最重要的因素。许多文献分析了企业危机反应方式对消费者反应变量的影响，如达瓦尔等（2000）通过实证分析验证了产品危害事件中不同的企业反应行为会对品牌资产变动产生差异化影响。姚琦等（2011）分析了品牌犯错后两种说服策略（反驳型说服和诊断型说服）[①] 对消费者再续品牌关系意愿的影响，并分析了消费者自我构建在其中发挥的调节作用，结果证明说服策略与自我构建的交互作用对消费者所感知到的信息可信度产生影响，进而对消费者再续品牌关系意愿产生影响。对独立自我构建消费者而言，反驳型说服策略更能提高其信息可信度；而对依存自我构建消费者而言，诊断型说服策略更能

① 反驳型说服是指对负面信息进行直接反驳和简单回应；诊断型说服是对负面信息进行有理有据的详细分析，通过与同类产品信息进行对比或给消费者提供补充信息来降低负面信息的不良影响。

提高信息可信度，因此两种说服策略并无孰优孰劣之分，主要看面对的消费者类型。黄静等（2008）分析了企业犯错后的三种回应策略，即道歉、有形回报及优待，对消费者再续关系意愿的影响，发现这三种回应策略对消费者的投入感知会产生积极的影响。另外，品牌犯错前与消费者的关系质量在其中起到调节作用。

尽管上述文献只涉及企业危机反应方式，未提及企业社会责任，但对本研究中假设的推演还是具有借鉴意义，即企业反应方式对消费者反应的影响既有直接影响效果，也有通过其他变量产生的间接影响效果。后来，有学者在对企业危机反应方式的研究中加入了企业社会责任变量，如王新春等（2010）构建了一个企业危机反应策略与品牌关系质量变动的关系模型，并将企业社会责任作为调节变量，分析了产品危害事件发生前后企业社会责任水平对危机反应策略与品牌关系质量变动关系的调节作用。① 研究发现，若企业采取明确承担责任的反应方式，则积极的企业社会责任行为会带来较低的品牌关系质量负面感知；若企业采取模棱两可的反应方式，相比较于消极的社会责任行为，积极的社会责任行为所导致的品牌关系质量损失反而更大；若企业采取明确不承担责任的反应方式，积极社会责任行为所导致的品牌关系质量损失更大。关于企业危机反应方式，本研究借鉴目前实证研究中被广泛采用的三类分类法，即明确承担责任、模棱两可以及明确不承担责任。其中，明确承担责任是指明确声明危机是由于企业自身原因造成，企业对危机事件负责；模棱两可是指企业不给出明确态度，不能确定指出危机事件的原因，既不承认又不否认自己在事件中的责任；明确不承担责任是指企业声明危机事件并非自身原因造成，而是由企业以外原因造成，企业声称自身不对危机事件承担责任。

---

① 该研究提出了三个假设：假设 1，相对于没有发生产品危害事件的情况，当出现危害事件时，若企业能明确承担责任，那么积极的企业社会责任行为能够缓冲消费者对品牌关系质量的负面感知；假设 2，相对于没有发生危害事件的情况，当出现产品危害事件时，若企业态度是模棱两可的，相对于消极的社会责任行为，积极的社会责任行为造成的品牌关系质量损失会较小；假设 3，相对于没有发生产品危害事件的情况，当出现危害事件时，若企业明确不承担责任，相对于消极的社会责任行为，积极的社会责任行为造成的品牌关系质量损失会较小。最后实证检验假设 1 得到支持，假设 2、假设 3 未得到支持。

根据理论梳理和现实案例，本研究可以推断，在很多情况下，明确承担责任并不是一个最坏的选择。若危机或过错是由企业本身造成但并不是有意为之，而企业此前又具有良好的社会责任声誉或口碑，那么明确承担责任可能更易给消费者一种勇于担当、有错就改的良好形象，如布拉德福等（1995）认为在一定条件下，为事件承担责任可能是最好的沟通策略。采用明确不承担责任的方式，除非有充分信息证明企业确实不是危机事件主因，否则消费者可能会认为企业在欺骗群众，缺乏责任感，从而对企业产生不良印象。采取模棱两可的方式，则可以为企业留有回旋空间，也可以为消费者留有想象余地，因此可以推论，在危机事件中，若企业采用模棱两可的反应方式，要比明确不承担责任会带来更好的消费者反应。这三种反应方式在企业社会责任行为积极和消极两种水平上所产生的效果是不一样的。据此本研究提出如下假设。

H2a：相比较于消极的社会责任水平，若企业采取积极的社会责任行为，同样的反应方式会产生更高水平的消费者信任。

H2b：在积极的社会责任水平下，相比较于模棱两可的反应方式，若企业能明确承担责任，会带来更高的消费者信任。

H2c：在积极的社会责任水平下，相比较于明确不承担责任的反应方式，若企业采取模棱两可的反应方式，会带来更高的消费者信任。

H2d：在积极的社会责任水平下，相比较于明确不承担社会责任，若企业明确承担责任，会带来更高的消费者信任。

H2e：在消极的社会责任水平下，相比较于模棱两可的反应方式，若企业明确承担责任，会带来更高的消费者信任。

H2f：在消极的社会责任水平下，相比较于明确不承担责任的反应方式，若企业明确承担责任，会带来更高的消费者信任。

H2g：在消极的社会责任水平下，相比较于明确不承担责任的反应方式，若企业采取模棱两可的反应方式，会带来较高的消费者信任。

三、企业社会责任对危机反应与归因关系的影响

阿鲁瓦利亚等（2000）认为消费者的品牌承诺（Brand Commitment）会

影响其对负面信息的感知。高承诺消费者会在心理及情感上对目标品牌产生一种依赖感，因此当不利于品牌的负面信息出现时，消费者会出现一种认知上的失调感，而为了纠正这种失调感以保持自己对品牌的一致性认知，高承诺消费者会对负面信息进行选择性扭曲或遗忘。凯瑟琳（2007）认为在产品伤害危机中，品牌忠诚度及消费者的产品熟悉度可以充当危机缓冲剂作用，并且这种缓冲作用会影响到消费者对危机产品的再购买。

危机事件发生后，消费者最先想到的往往是危机责任的归属问题，即进行发生源归因。王海忠等（2010）分析了消费者品牌承诺和自我构建对产品伤害危机中消费者地点归因的影响。实验结果发现，当消费者品牌承诺水平高时，无论是独立自我型消费者还是关联自我型消费者都倾向于对伤害危机进行外部归因，而不是内部归因；而当消费者品牌承诺水平低时，归因偏向机制则失灵，自我构建开始发挥作用。

本研究认为，企业危机发生前积极的社会责任表现也会为企业充当危机缓冲剂的作用，并会导致消费者对负面信息具有一定免疫力。若企业明确承担责任，根据逻辑推理，消费者自然会倾向于认为危机事件是由于企业自身原因造成，但即使如此，若企业在危机前社会责任记录表现良好，消费者基于原先对企业的良好印象会减弱内部归因倾向。当企业采取模棱两可态度时，由于模棱两可本身所带来的不确定性，即使危机前社会责任记录表现良好，消费者认为危机是由企业外部原因所导致的倾向也会减弱，但若企业社会责任记录表现差，企业再采用模棱两可的态度，会给消费者一种试图推卸责任的感觉，更不利于消费者做出有利于企业的地点归因。若企业采取明确不承担责任的反应方式，且先前企业社会责任表现良好，给消费者以良好印象，消费者会倾向于相信企业的声明，认为危机源于企业外部，但若先前企业社会责任表现差，则消费者不会相信企业声明，企业即使宣称不承担责任，消费者也会倾向于认为危机源于企业自身，企业表现不负责、不诚实。

H3a：当企业明确承担责任时，相比较于消极的社会责任水平，积极的社会责任水平会使企业内部归因倾向减弱。

H3b：当企业采取模棱两可的反应方式时，积极的社会责任水平更易使消费者进行外部归因，而消极的社会责任水平更易使消费者进行内部归因。

H3c：当企业采取明确不承担责任的反应方式时，积极的社会责任水平更易使消费者进行外部归因，消极的责任水平更易使消费者进行内部归因。

四、企业社会责任对内部归因与信任关系的影响

加巴里诺等（Garbarino et al.，1999）认为顾客对企业的信任反映了顾客对企业的一种信心、信念或期望，这种信心、信念或期望来源于对方的可靠性、善意性、诚实性和正直性。多尼等（Doney et al.，1997）认为信任是指在交易关系中参与成员的言行是可靠的，并且成员会努力践行自己的责任与义务，当交易一方相信另一方可靠、可依赖时，信任就会产生。消费者内部归因倾向越高，越倾向于认为企业是危机事件的主因，此时消费者对企业的信心会降低，对企业的可靠性及善意性判断也会调低，因此对企业信任水平就越低；相反，消费者内部归因倾向越低，越倾向于认为危机事件是由企业外部原因导致，对企业信任水平就越高。但消费者内部归因与消费者信任之间的这种关系，会受到企业社会责任水平的影响，即使消费者认为企业是造成危机事件的主因，但若企业社会责任水平高，消费者也会信任企业，即社会责任水平成为保护企业信任水平下滑的缓冲剂。因此做如下假设：

H4：企业社会责任水平对内部归因与消费者信任之间的关系产生显著调节作用：积极的社会责任水平会削弱内部归因对消费者信任的负面影响作用。

综合以上假设，本研究提出以下模型，如图4－1所示。

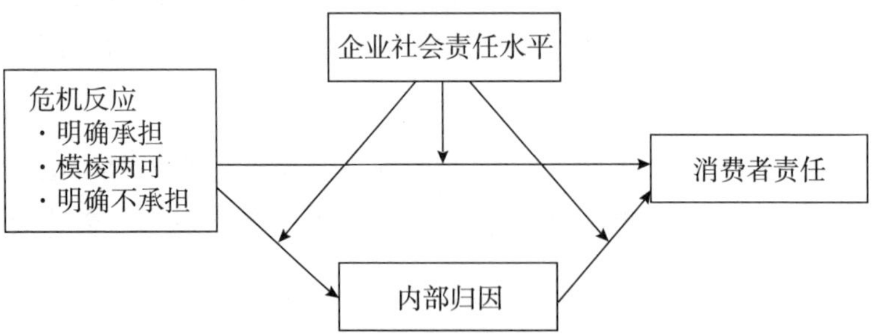

图4－1　企业社会责任对危机反应与消费者信任关系的影响

第二节　研究设计

一、实验设计

为了检验上述假设，本研究采用3（企业危机反应方式）×2（企业社会责任水平）组间实验设计来收集数据。其中，企业危机反应方式包括三种：明确承担责任，指企业明确声称自己在危机中所担负的责任；模棱两可，指企业既不承认也不否认危机是否由企业所造成；明确不承担责任，指企业出示证据证明危机并不是由企业过错导致。需要注意的是，本研究中所指“明确不承担责任”并非企业简单地否认自己非危机发生原因，而是在充分证据或理由的基础上来否认自己非危机主因。企业社会责任包括两个水平：积极的企业社会责任，是指企业积极主动承担本身义务之外的社会责任行为；消极的企业社会责任，是指企业所从事社会责任活动与企业自身身份、地位不相符，低于公众的期望，甚至未履行基本的社会义务。因此本实验中“消极的企业社会责任”的界定与上一个实验中“低水平的企业社会责任”是两个概念。

二、实验情境

本研究采用被试比较熟悉的餐饮行业作为实验背景。由于新闻媒体经常报道餐饮行业方面的信息，并且餐饮行业出现危机事件的频率也比较高，例如被媒体曝光且消费者印象深刻的地沟油事件、肯德基“超值星期二秒杀门”事件、麦当劳出售过期食品事件等，因此被试对类似材料不会感到陌生。另外，为了增加可信性和真实性，实验情境材料及社会责任水平材料均改编自真实新闻材料，以2005年媒体报道的肯德基“芙蓉天绿香汤”所采用原料野菜“天绿香”所含金属镉超出国家标准，最终导致肯德基停售该款产品的新闻事件为蓝本进行改写。为了消除被试对肯德基以往认知所可能导致的偏差，情境材料杜撰了一家总部位于法国、在全球较有知名度的餐饮企业A。积极企业社会责任以企业主动投身环境保护，参与公益事业、慈善活动为内容进行描述。消极企业社会责任以媒体曝光企业排污设施简陋，未能有效控制对周围环境污染，且近几年公益事业慈善活动捐款额度下降明显作为内容。“明确承担责任”以企业承认产品含有“天绿香”成分，表示歉意并停止产品销售来描述；“模棱两可”以企业通报产品经检验各项指标合格，但就是否确实含有“天绿香”成分这一问题未给予明确回答来描述；“明确不承担责任”以企业通报产品检验各指标合格，并出示证据表明产品中不含“天绿香”成分来描述（详见附录C）。

三、实验过程

实验以高校大学生作为实验对象。首先进行预实验，以检测实验情境设置是否合理、自变量的操控是否成功。共有48名大学生参加了预实验，分析结果表明，以“从表面看企业应该承担危机事件责任”（7点李克特量表：1表示“完全不同意”，7表示“完全同意”）来测量被试对企业危机反应方式的感知，发现被试对企业危机反应方式感知差异明显（$M_{明确}=6.72$；$M_{模棱}=4.37$；$M_{不承担}=2.15$，$p<0.01$），对企业社会责任两个水平的感知差异显著（$M_{CSR积极}=5.37$；$M_{CSR消极}=3.11$，$p<0.01$），说明实验条件操纵成功，可以进行正式实验。

进行正式实验时，首先让被试认真阅读背景材料，然后进行问项回答，整个实验时长约为25分钟。参与实验的学生随机分配到六个实验条件中，外加控制组（在控制组中不提供任何关于企业社会责任的信息），最后共有252名同学参加实验并填写问卷，剔除掉11份不合格问卷，共获得有效问卷241份。

四、变量测量

变量均通过7点李克特量表来测量，其中1表示“完全不同意”，7表示“完全同意”。

内部归因倾向的测量采用蒙加等（Monga et al.，2008）所提供的量表，共一个测项，即“××企业自己对该危机事件负完全责任”。

关于消费者信任变量的测量，很多研究采用乔杜里等（2001）所提出的量表，他们在对顾客无形资源与企业绩效关系的实证研究中，通过四个测项来衡量品牌信任，即：（1）我信任这个品牌；（2）我依赖这个品牌；（3）这个品牌是诚实的；（4）这个品牌是安全的。但考虑到在本研究中，实验材料中的企业为匿名企业，且实验材料所提供信息有限，被试也很难仅仅根据有限的信息对匿名企业就“依赖”“诚实”这样的关系型字眼下判断。因此本研究采用徐岚等（2008）在研究中所使用过的量表，该量表更适合本实验情境的设置，该量表共包括三个测项：（1）我完全信任该品牌；（2）该品牌毫无疑问是值得信任的；（3）购买该品牌给我一种安全感。经分析，该变量的克朗巴哈系数值为0.821，大于0.70，说明具有较好的信度水平。

第三节　数据分析与假设检验

一、企业社会责任与消费者信任关系的检验

以企业社会责任类型作为自变量，消费者信任作为因变量进行方差分析，结果如表4－1所示。可以看出，$F=209.111$，$p=0.000$，说明不同社会责任类型在消费者信任上差异显著。

表4－1　方差分析结果（自变量：CSR类型；因变量：消费者信任）

	方差总和	自由度	平均方差	*F*值	显著性水平
组间	160.635	1	160.635	209.111	0.000
组内	159.782	208	0.768		
总计	320.417	209			

为了辨别社会责任积极组和消极组在消费者信任上的组间差异方向，本实验取信任均值，如表4－2所示。从统计结果上看出，社会责任积极组的消费者信任水平要显著高于社会责任消极组（$M_{\text{CSR积极}}=4.8127$，$M_{\text{CSR消极}}=3.0635$），因此假设H1得到验证。

表 4-2　　不同企业社会责任类型组别的信任均值

组别	均值	标准差	标准误	均值 95% 置信区间		最小值	最大值
				下限	上限		
CSR 积极	4.8127	0.88786	0.08665	4.6409	4.9845	2.67	7.00
CSR 消极	3.0635	0.86491	0.08441	2.8961	3.2309	1.00	5.00
总计	7.8762	1.75277	0.17106	7.5370	8.2154	3.67	12.00

二、企业社会责任在危机反应与信任关系中的作用检验

为了对假设 H2a 至 H2g 进行检验，将所有样本分为六组，即“明确承担—CSR 积极”组（11）、“明确承担—CSR 消极”组（12）、“模棱两可—CSR 积极”组（21）、“模棱两可—CSR 消极”组（22）、“明确不承担—CSR 积极”组（31）、“明确不承担—CSR 消极”组（32）。以组别作为自变量，进行单因素方差分析，结果如表 4-3 所示。可以看出，$F=53.576$，$p=0.000$，说明不同组别之间消费者信任差异明显。

表 4-3　　方差分析结果（因变量：消费者信任）

	方差总和	自由度	平均方差	F 值	显著性水平
组间	181.897	5	36.379	53.576	0.000
组内	138.521	204	0.679		
总计	320.418	209			

从表 4-4 可以看出，不同组别间消费者信任差异较大。其中消费者信任水平最高的为“明确承担—CSR 积极”组（11）（$M_{11}=5.2857$），信任水平最低的为“模棱两可—CSR 消极”组（22）（$M_{22}=2.7905$）。

尽管从表 4-4 中可以看出不同组别间消费者信任水平有差异，但并不清楚差异是否显著，因此为检验差距的显著性，进行组间多重比较，结果如表 4-5所示。可以看出，无论企业采取哪种危机反应方式，企业社会责任积极组的信任均值均高出消极组：当企业反应方式为“明确承担责任”时，CSR 积极组的消费者信任水平要比消极组高出 1.85714（$p<0.05$）；当企业反应方式为“模棱两可”时，CSR 积极组的消费者信任水平比消极组高出 1.61905

表 4-4　不同组别的消费者信任均值

组别	均值	标准差	标准误	均值的 95% 置信区间		最小值	最大值
				下限	上限		
11	5.2857	0.97062	0.16407	4.9523	5.6191	2.67	7.00
12	3.4286	0.63950	0.10810	3.2089	3.6482	2.00	5.00
21	4.4095	0.85209	0.14403	4.1168	4.7022	2.67	5.67
22	2.7905	0.90057	0.15222	2.4811	3.0998	1.33	4.67
31	4.7429	0.58346	0.09862	4.5424	4.9433	3.67	5.67
32	2.9714	0.91955	0.15543	2.6556	3.2873	1.00	4.67
总计	3.9381	1.23818	0.08544	3.7697	4.1065	1.00	7.00

($p<0.05$)；当企业反应方式为“明确不承担责任”时，CSR 积极组的消费者信任水平要比消极组高出 1.77143（$p<0.05$）。因此，假设 H2a 得到验证。

假设 2b、假设 2c、假设 2d、假设 2e、假设 2f、假设 2g 涉及 11 组与 21 组、31 组与 21 组、11 组与 31 组、12 组与 22 组、12 组与 32 组、22 组与 32 组之间消费者信任水平的比较。从表 4-5 组间多重比较结果可以看出，在 $a=0.05$ 的显著性水平下，除了 31 组与 21 组、22 与 32 组之间信任均值的差异不显著外，其他组之间信任均值均差异显著。（1）11 组与 21 组。$M_{11}=5.2857$，$M_{21}=4.4095$，$p=0.002$。可以看出，社会责任积极、明确承担责任组的信任水平高于社会责任积极、模棱两可组的信任水平，且差异显著，因此假设 H2b 得到验证。（2）31 组与 21 组。$M_{31}=4.7429$，$M_{21}=4.4095$，$p=0.611$。可以看出，社会责任积极、明确不承担责任组的信任水平与社会责任积极、模棱两可组的信任水平并无显著差异。因此，假设 H2c 不予支持。（3）11 组与 31 组。$M_{11}=5.2857$，$M_{31}=4.7429$，$p=0.026$。可以看出，社会责任积极、明确承担责任组的信任水平略高于社会责任积极、明确不承担责任组的信任水平，且差异显著，因此假设 H2d 得到验证。（4）12 组与 22 组。$M_{12}=3.4286$，$M_{22}=2.7905$，$p=0.017$。可以看出，社会责任消极、明确承担责任组的信任水平高于社会责任消极、模棱两可组的信任水平，且差异显著，因此假设 H2e 得到验证。（5）12 组与 32 组。$M_{12}=3.4286$，$M_{32}=2.9714$，$p=0.036$。可以看出，社会责任消极、明确承担责任组的信任水平要高于社会责任消极、明确不承担责任组的信任水平，且差异显著，因此假设 H2f 得到验证。（6）22 组与 32 组。$M_{22}=2.7905$，$M_{32}=2.9714$，$p=$

1.000。可以看出，社会责任消极、模棱两可组的信任水平与社会责任消极、明确不承担责任组的信任水平并无显著差异，因此假设 H2g 不予支持。

表 4-5　组间多重比较（Tamhane's T2 检验，因变量：消费者信任）

I（组别）	J（组别）	均值差（I-J）	标准误	显著性水平	95%可置信区间	
					下限	上限
11	12	1.85714*	0.19647	0.000	1.2576	2.4567
	21	0.87619*	0.21832	0.002	0.2134	1.5390
	22	2.49524*	0.22381	0.000	1.8160	3.1745
	31	0.54286*	0.19143	0.026	-0.0426	1.1284
	32	2.31429*	0.22600	0.000	1.6285	3.0001
12	11	-1.85714*	0.19647	0.000	-2.4567	-1.2576
	21	-0.98095*	0.18008	0.000	-1.5289	-0.4330
	22	0.63810*	0.18670	0.017	0.0694	1.2068
	31	-1.31429*	0.14633	0.000	-1.7584	-0.8702
	32	0.45714*	0.18932	0.036	-0.1198	1.0341
21	11	-0.87619*	0.21832	0.002	-1.5390	-0.2134
	12	0.98095*	0.18008	0.000	0.4330	1.5289
	22	1.61905*	0.20956	0.000	0.9831	2.2550
	31	-0.33333	0.17456	0.611	-0.8655	0.1988
	32	1.43810*	0.21190	0.000	0.7950	2.0812
22	11	-2.49524*	0.22381	0.000	-3.1745	-1.8160
	12	-0.63810*	0.18670	0.017	-1.2068	-0.0694
	21	-1.61905*	0.20956	0.000	-2.2550	-0.9831
	31	-1.95238*	0.18138	0.000	-2.5061	-1.3987
	32	-0.18095	0.21756	1.000	-0.8411	0.4792
31	11	-0.54286*	0.19143	0.026	-1.1284	0.0426
	12	1.31429*	0.14633	0.000	0.8702	1.7584
	21	0.33333	0.17456	0.611	-0.1988	0.8655
	22	1.95238*	0.18138	0.000	1.3987	2.5061
	32	1.77143*	0.18408	0.000	1.2092	2.3337
32	11	-2.31429*	0.22600	0.000	-3.0001	-1.6285
	12	-0.45714*	0.18932	0.036	-1.0341	0.1198
	21	-1.43810*	0.21190	0.000	-2.0812	-0.7950
	22	0.18095	0.21756	1.000	-0.4792	0.8411
	31	-1.77143*	0.18408	0.000	-2.3337	-1.2092

注：* 表示均值差在 0.05 水平上显著。

三、企业社会责任在危机反应与归因关系中的作用检验

以危机反应方式、社会责任类型为自变量，消费者发生地归因为因变量进行单变量多因素方差分析（GLM Univariate），结果如表4－6所示。可以看出，企业社会责任类型、危机反应方式二者的主效应均显著，分别是：$F(1,204)=127.644$，$p=0.000$；$F(2,204)=19.858$，$p=0.000$。从方差效应组间效应检验看出，社会责任类型与企业危机反应方式的交互效应并不显著：$F(2,204)=1.005$，$p=0.368$，说明企业社会责任水平对危机反应方式与发生地归因之间的关系并无调节作用。

表4－6　　组间效应检验（因变量：内部归因）

方差来源	平方和	自由度	均方	F 值	显著性水平
修正模型	174.114[a]	5	34.823	33.874	0.000
截距	4896.171	1	4896.171	4762.761	0.000
CSR类型	131.219	1	131.219	127.644	0.000
反应方式	40.829	2	20.414	19.858	0.000
CSR类型 ＊反应方式	2.067	2	1.033	1.005	0.368
误差	209.714	204	1.028		
综合	5280.000	210			
校正总和	383.829	209			

注：a　$R^2=0.454$（调整 $R^2=0.440$）。

社会责任类型对消费者内部归因有显著影响（$M_{CSR积极}=4.038$；$M_{CSR消极}=5.619$），企业社会责任积极组在内部归因倾向上要低于社会责任消极组，也就是说，社会责任水平越高，消费者越不认为危机是来源于企业内部，这与上一章中的研究结论是一致的。

同时，企业反应类型对消费者内部归因也有显著影响，不同反应类型的内部归因均值及组间均值差分别见表4－7、表4－8。明确承担责任与明确不承担责任组在消费者内部归因上差异显著（$M_{明确承担}=5.229$；$M_{明确不承担}=4.214$），明确承担责任组的消费者内部归因水平要高，这是因为，企业宣称

承担责任，消费者更倾向于认为危机是由企业造成的。值得注意的是，明确承担责任组与模棱两可组在内部归因上并无显著差异，模棱两可组的内部归因水平也超过了中间值（$M_{模棱两可}=5.043$），即消费者倾向于认为模棱两可组企业本身更应为危机负责。可见，当危机发生时，企业若采取不明朗的态度，反而会欲盖弥彰，使消费者将过错归因于企业自身。

表 4－7　　不同反应方式组别间消费者归因均值

反应类型	均值	标准误	95%置信区间	
			下限	上限
明确承担	5.229	0.121	4.990	5.468
模棱两可	5.043	0.121	4.804	5.282
明确不承担	4.214	0.121	3.975	4.453

表 4－8　　不同反应类型间消费者归因均值差异性检验

（I）反应类型	（J）反应类型	均值差（I－J）	标准误	显著性水平	95%置信区间	
					下限	上限
明确承担	模棱两可	0.186	0.171	0.280	－0.152	0.524
	明确拒绝	1.014*	0.171	0.000	0.676	1.352
模棱两可	明确承担	－0.186	0.171	0.280	－0.524	0.152
	明确拒绝	0.829*	0.171	0.000	0.491	1.166
明确拒绝	明确承担	－1.014*	0.171	0.000	－1.352	－0.676
	模棱两可	－0.829*	0.171	0.000	－1.166	－0.491

注：* 表示均值差在 0.05 水平上显著。

对假设 H3a、假设 H3b、假设 H3c 的检验，涉及 11 组与 12 组、21 组与 22 组，31 组与 32 组在消费者内部归因变量上的均值比较。对这三个比较组分别进行独立样本 T 检验，结果如下。

（1）11 组与 12 组。$M_{11归因}=4.31$，$M_{12归因}=6.14$，$p=0.000$。可以看出，社会责任积极、明确承担责任组的内部归因水平要低于社会责任消极、明确承担组的内部归因水平，且差异显著。从两组归因均值上看，都大于中值，说明企业明确承担责任，消费者认为危机源于企业自身的倾向明显，但若企业社会责任积极，相比较于社会责任消极组，认为危机源于企业自身原因的倾向会大大降低。因此假设 H3a 得到验证。（2）21 组与 22 组。$M_{21归因}=4.37$，$M_{22归因}=5.71$，$p=0.000$。社会责任积极、模棱两可组的内部归因水平要低于社会责任消极、模棱两可组的内部归因水平，且差异显著。因此假设 H3b 得到验证。（3）31 组与 32 组。$M_{31归因}=3.43$，$M_{32归因}=5.00$，$p=0.000$。明确不承担责任、社会责任积极组的内部归因均值小于中值，即被试倾向于认为危机来自企业外部，而明确不承担责任、社会责任消极组的内部归因均值大于中值，也就是说，即使企业认为自己不对危机负有责任，但被试仍倾向于认为危机来自企业内部。因此假设 H3c 得到验证。

四、企业社会责任在归因与信任关系中的作用检验

为了检验消费者内部归因对消费者信任的影响，首先对二者进行相关分析，分析结果如表 4－9 所示。可以看出，内部归因与信任的相关系数为 －0.497，p 值＝0.000，说明两者在 $a=0.01$ 水平上显著相关。

表 4－9　　内部归因与信任相关分析

		内部归因	信任
内部归因	Pearson Correlation	1	－0.497**
	Sig. （2－tailed）		0.000
	N	210	210
信任	Pearson Correlation	－0.497**	1
	Sig. （2－tailed）	0.000	
	N	210	210

注：** 表示在 0.01 水平上显著。

再进一步以信任为因变量，内部归因为自变量进行回归分析，结果如表 4－10所示，内部归因与信任之间呈负相关，且水平显著。

表 4－10　　内部归因与信任之间的回归分析

模型	非标准化回归系数		标准化系数	*t* 值	*p* 值
	B	标准误	*Beta*		
常数项	6.130	0.276		22.235**	0.000
内部归因	－0.454	0.055	－0.497	－8.256**	0.000

注：** 表示在 0.01 水平上显著。

但当将企业社会责任水平也纳入回归方程后，结果如表 4－11 所示，发现此时内部归因与信任之间的回归系数下降为－0.025，且不再显著（$p = 0.680$），而社会责任水平与信任之间的回归系数为 0.736，且显著（$p = 0.000$）。因此表 4－10 所示回归关系为并未控制社会责任水平时的回归，内部归因与信任之间负相关关系受到社会责任水平的调节作用，积极的社会责任水平会削弱内部归因对消费者信任的负面影响作用。因此假设 H4 得到验证。

表 4－11　　内部归因、社会责任水平与信任之间的回归分析

模型	非标准化回归系数		标准化系数	*t* 值	*p* 值
	B	标准误	*Beta*		
常数项	2.257	0.378		5.975	0.000
内部归因	－0.023	0.055	－0.025	－0.414	0.680
CSR 水平	0.441	0.036	0.736	12.329**	0.000

注：** 表示在 0.01 显著性水平上显著。

第四节　本章小结

信任是一个很重要的变量，尽管它是一个心理反应变量，高的信任度也未必能产生实际的购买行为，但可以肯定的是，在其他条件相同的情况下，高的信任度要比低的信任度带来更理想的反应绩效，如格温纳等（Gwinner et al.，1998）通过实证研究发现，当顾客获取较高的关系收益时，会给企业带来积极的营销产出，如较高的顾客满意度和忠诚度，以及正面口碑等。斯万等（Swan et al.，1999）对20世纪70年代至1999年关于顾客信任的实证文献进行了回顾和梳理，发现从总体上看，顾客信任对顾客态度、购买意愿及购买行为等变量会产生积极的影响。从经济学角度看，信任能给交易双方带来益处，例如信任能降低或消除交易中存在的风险和不确定性，从而有助于降低交易成本，促使交易顺利进行。健康的信任氛围和健全的信任保障体系，能对市场经济行为和社会秩序起到积极作用。鉴于信任对消费者现实反应的影响，分析危机情境下企业反应方式及社会责任策略对信任的影响机制就显得非常有意义，企业可以据此选择最合适的危机反应方式和社会责任策略。而对未发生危机的企业，也可未雨绸缪，建立危机反应体系，以便危机真的发生时能从容应对。

在企业危机发生后的第二个阶段，即“企业做出反应”阶段，消费者会根据企业反应来做出信任还是不信任企业的决定。本研究所关注的是，企业危机发生后，企业危机前实施过的社会责任行为是否会给企业带来保护作用，以及企业采取的危机反应方式是加强了这种保护作用还是削弱了这种保护作用，因为同样的危机反应可能导致不同的结果。研究结果表明，危机发生后，企业社会责任水平对消费者信任起到很大影响，社会责任积极组的消费者信任水平要显著高于社会责任消极组，并且上述关系并不受企业危机反应方式的影响，即无论企业采取哪种危机反应方式，企业社会责任积极组的信任均值都要高出消极组。

本研究的一个意外发现是，“明确承担责任”并不是一个坏选择，甚至是最好的选择，而“模棱两可”则是一个最坏的选择。无论企业社会责任是积极水平还是消极水平，明确承担责任组的信任水平都要高于模棱两可组，这与布拉德福等（1995）的研究结论是一致的，即企业为事件承担责任是最好的沟通策略。危机发生后，很多企业采取模棱两可的态度，看似给自己留有余地，但实际上却引起了消费者的不信任感。数据分析结果显示，无论企业社会责任水平积极还是消极，明确不承担责任组与模棱两可组的信任水平并无显著差异。另外，模棱两可组与明确承担责任组在内部归因上也并无显著差异，模棱两可组的内部归因水平还超过了中间值（$M_{模棱两可}=5.043$），也就是说，消费者倾向于认为那些不明确表态、模棱两可的企业本身应为危机负责。企业采用“模棱两可”的反应方式，其本意是想撇清自己与危机事件的责任关联，但实际上却适得其反。另外分析结果还显示，企业对危机发生的内部归因与信任之间的关系受到社会责任水平的影响。尽管内部归因倾向越高，信任水平就越低，但若企业实施积极的社会责任行为，即使消费者认为危机是由企业原因所导致，对企业的信任水平仍会较高，再次证明了积极的社会责任行为所具有的缓冲危机效应。

第五章　企业社会责任与消费者购买意愿的关系①

在正常环境下，企业实施社会责任活动有助于引起正面的、积极的消费者反应［森等（2001）］，如高的消费者购买意愿、积极的企业或产品评价以及正面口碑等。在社会责任与消费者反应关系研究中，在众多消费者反应变量中，消费者购买意愿被采用的频率非常高。那么，在危机发生后消费者心理反应活动的第三个阶段，即消费者意向购买阶段，企业社会责任与购买意愿之间的关系还存在吗？在正常环境下，企业社会责任活动对消费者反应变量的影响效果要受到许多因素的调节。那么在危机情境下，企业社会责任与消费者购买意愿之间的关系又会受到哪些因素的影响？本部分将探究危机发生后，企业社会责任与消费者购买意愿两者关系的内在机制。

第一节　模型构建与研究假设

本研究在对危机情境下消费者反应方面的相关文献进行分析的基础上，提出相关假设，并给出了模型示意图。

一、企业社会责任对消费者购买意愿的影响

许多学者就企业社会责任与购买意愿之间的关系进行了研究，尽管发现企业社会责任与购买意愿之间的关系并非简单的线性关系，但得出的结论基本类似，即高水平或积极的社会责任会带来高的购买意愿。如莫尔等（2005）

① 李海廷．企业社会责任与消费者购买意愿分析［J］．商业研究，2014（2）：88－96.

通过设置消费情景，研究了两类企业社会责任行为（公益事业和环境保护）对消费者购买意愿的影响，发现企业社会责任行为会对消费者购买意愿产生积极影响，相比于高水平的社会责任行为，低水平社会责任行为会降低消费者的购买意向。实际情况也验证了理论研究结果，如在2002年进行的一项针对美国消费者的调查结果显示，89%的被调查者认为企业履行社会责任非常重要，并表示会通过转换品牌、拒绝购买企业股票来惩罚那些被认为不负责任的企业［布卢门撒尔（Blumenthal et al.，2003）］。

国内学者的研究结果也类似。如谢佩洪等（2009）在研究中发现，企业社会责任行为不仅会对消费者的企业认同、企业声誉以及消费者购买意愿产生直接的正向影响，而且会通过企业声誉、企业认同两个变量对消费者购买意愿产生间接影响。游士兵等（2009）就企业捐赠行为对消费者购买意愿的影响进行了研究。该研究通过现场发放问卷走访、网络调研三种渠道收集了1600多份问卷，通过对数据进行分对数回归分析发现，消费者对企业捐赠行为的七个感知因素①中，有三个因素，即信誉因素、满足因素和社会因素，对消费者购买意愿产生正向影响；而企业捐赠变量的四个维度，即捐赠数额、捐赠渠道、捐赠领域及捐赠资源，则均对购买意愿产生显著影响。本研究认为，企业社会责任对购买意愿的影响在危机情境下同样适用。在危机情境下，企业发生危机前的社会责任表现会留给消费者或好或坏的印象，并且这些社会责任表现是构成消费者企业信念的重要组成部分，危机发生后，消费者会根据以前的信念来决定其后续行为。由上可以提出以下假设。

H1：在危机情境下，企业社会责任水平对购买意愿产生正向影响：相比于消极社会责任活动，若企业采取积极社会责任活动，会产生较高的购买意愿。

二、危机严重性感知对社会责任与购买意愿关系的影响

产品伤害风险管理方面的相关研究发现，良好的企业声誉可以对处于危机中的企业起到保护作用，即良好的企业声誉能够降低消费者的风险感知水平，减缓消费者购买意向的下降。由此可以推测，作为企业形象、企业声誉

① 指质量、服务、品牌、信誉、时尚、满足及社会七个因素。

构成部分的企业社会责任，也能对危机中的企业起到保护作用，减缓甚至消除危机对企业的不良影响［西奥科斯等（1994）］。

企业危机会给牵涉其中的顾客带来无形或有形的损失，有些是物质损失，有些则是精神损失。随着顾客对危机严重性感知的不同，顾客的反应（心理反应和行为反应）也会呈现出差异性，当消费者认为危机不严重时，可能会原谅企业的过失，而当消费者意识到危机非常严重，甚至超过心理底线时，无论以前企业表现如何，消费者都有可能无法原谅企业的过失。有许多学者在研究中注意到危机严重性这一变量，如格朗布瓦等（Granbois et al.，1977）在研究中分析了实体产品失败严重性与消费者反应之间的关系，发现产品失败严重性与消费者抱怨、消费者归因及负面口碑等有显著相关性。布朗等（1989）在对服务产品的研究中也有类似发现，即服务失败严重性越大，则顾客抱怨倾向就越大，负面口碑也越强。奥利弗（1980）认为服务失败严重性越大，顾客对服务补救的满意度就越低，这是因为服务失败越严重，给顾客造成的损失就会越大，顾客对企业的补救期望、补救水平要求也就会越高，企业就越难以满足顾客的期望。霍夫曼等（Hoffman et al.，1995）在实证研究中也有类似发现，即服务失败严重程度与服务补救成功率之间呈负相关关系，服务失败程度越严重，则补救成功率就越低。金立印（2006）通过模拟民航服务行业情景，运用实验法进行研究发现，相比较于轻微的服务失败遭遇，当顾客认为遭遇的服务失败很严重时，会对服务补救结果、补救程序以及补救互动方面产生较高的预期水平。由上可以提出以下假设。

H2：危机严重性感知对企业社会责任水平与消费者购买意愿之间的关系具有负向调节作用：即相对于低危机严重性感知，消费者的高危机严重性感知会削弱社会责任水平与购买意愿之间的关系。

三、社会责任支持对社会责任与购买意愿关系的影响

消费者自身特征会对企业实施社会责任活动的效果产生很大影响。例如，消费者对企业社会责任行为的认识差异很大，这既有自身原因，也有看待问题视角不同的原因。一方面，有些消费者在消费过程中能主动承担其社会责任，而有些消费者则不能；另一方面，对企业应否承担社会责任，看法也各异，如韦布等（1998）在研究中也提到，一些消费者对企业将一定营业额捐献给非营利组织或慈

善事业的做法持保留态度。奥斯特豪斯（Osterhus，1997）发现，企业信任及企业实施社会责任的定位会影响到社会责任活动的效果，除非消费者信任企业的先期社会定位（Pro-social Position），否则消费者不愿意因为企业实施社会责任活动而回报企业。目前，西方学术界针对消费者自身的社会责任意识进行了深入研究，并将消费者在进行消费过程中自觉担负起对国家、社会的责任的行为称为“消费者社会责任”（Consumer Social Responsibility，简称CSR），其简称与“企业社会责任”相同。社会责任意识强的消费者，在个人消费过程中会更加关注整个社会的福利、环境保护、社会资源保护等问题，同时对提供产品的企业在道德方面的问题（如是否违法雇用童工、工人权益是否得到保障等）也会予以关注。

森等（2001）通过实验法证实企业社会责任对消费者评价具有显著影响作用，并且消费者的社会责任支持度对企业社会责任与消费者评价二者之间的关系起到调节作用。该研究还发现，相比于正面社会责任信息，消费者评价对企业负面社会责任信息敏感度更高。在什么样的情境下社会责任支持度会高？对社会赞助方面的研究认为支持度来源于匹配度。对社会事业赞助这一社会责任活动而言，一般研究认为消费者对企业所赞助事业的正面情感会相应地转向企业，但一些研究［霍弗勒等（Hoeffler et al.，2002），利希滕斯坦等（2004），普鲁吉乌斯（Pracejus，2004）］却发现，社会赞助所产生的影响是复杂的，其中匹配度是关键，这种匹配来源于消费者对企业使命、产品、市场、技术、属性、品牌概念，以及其他要素的联想。匹配度既可以强化也可以弱化企业的定位，当赞助事业与企业形象高度匹配时，可以增强品牌资产，反之则会降低品牌资产［西蒙斯等（2007），斯皮德等（Speed et al.，2000）］也发现当受赞助事业与企业形象不匹配时，赞助有可能会产生相反效果。森等（2004）则认为匹配度和社会责任支持度对消费者反应会产生交互影响，只有当消费者支持企业社会责任活动，且社会责任活动与企业有高的匹配度，并且企业产品质量高，而消费者又不会为社会责任活动额外支付溢价时，企业社会责任与消费者购买行为之间的关系才能呈正相关关系。由上可以提出以下假设。

H3：社会责任支持度对企业社会责任水平与消费者购买意愿之间的关系具有正向调节作用：高社会责任支持度消费者相对于低社会责任支持度消费者而言，社会责任水平与购买意愿之间关系较强。

H4：社会责任支持与危机严重性感知二者交互作用对社会责任水平与购买意愿之间的关系产生影响作用。

四、顾客认同对社会责任与购买意愿关系的影响

在现实生活中，我们常常会发现，消费者与一些企业能发展出牢固的、忠诚的、有意义的关系，甚至企业面临危机时消费者也能原谅企业，保持顾客忠诚。对这种消费者与企业之间的密切关系，以往学者多从顾客满意、关系营销、忠诚等视角进行分析，最近有一些学者［森等（2001）］则基于社会认同理论（Social Identity）和组织认同理论（Organizational Identification）来分析消费者与企业之间能产生密切关系的原因。根据组织认同理论，人们认同一个组织的程度取决于组织身份（Organizational Identity）的吸引力。在认知和探析积极的企业社会责任行为能带来消费者支持方面，组织认同理论提供了一个很好的分析框架和视角［迈尼昂等（2004）］。消费者与企业之间的牢固关系可能来源于消费者对企业的认同感，这种认同感正是基于消费者自我概念（Self-Definition）和社会身份产生的，它们驱使消费者与特定的组织发展出一种关联性［贝尔加米等（Bergami et al.，2000）］。在营销研究中，一些研究发现顾客对组织的认同程度取决于消费者将企业或品牌视为伙伴或者参照群体的程度［福尼尔（Fournier，1998），埃斯卡拉等（Escalas et al.，2005）］。在营销实践中，消费者会通过品牌偏好、选择以及消费，试图去定义或加强他们对企业的认同［贝尔克（Belk，1988），麦克拉肯（McCracken，1986）］。

以往认同理论主要应用于组织成员与组织之间关系的研究，但正如斯科特等（Scott et al.，2000）指出的，不只是组织成员有寻求认同感的需求，一些不隶属于组织的人员也有对组织产生认同感的需求，因此认同理论也可以被应用到消费者与企业两者关系的研究上。学者们把消费者感觉到的与企业之间的关联性，或者说消费者感知到的自己特征和企业特征之间的契合程度称为顾客认同［森等（2001，2003）］。顾客认同可能会驱使消费者做出有利于企业的行为，如忠诚、口碑等，即这些消费者反应变量可以视为顾客认同的结果变量。

消费者对企业所感知到的信息的总和，既包括消费者对企业特征（如文化、氛围、价值观、竞争定位、产品等）的感知和信念，也包括消费者对企业的反应

(如情绪、评价等)。消费者对企业这些信息的感知是构成企业形象、企业声誉、或企业联想的重要组成部分。在市场上，消费者对企业身份吸引力的评价基于其对该身份的感知，当企业身份至少能满足以下三种消费者自我定义需求（Self-definitional Needs）之一时，企业身份才对消费者具有吸引力。这三种自我定义需求是：自我连续性、自我独特性以及自我提高。具体到社会责任研究领域，对顾客认同的研究也越来越受重视，顾客认同也成为消费者社会责任反应研究中的一个重要研究对象和变量。消费者从对企业的企业认同中获得了自我定义需求的满足，当消费者认为他对企业的认同感具有持续性、独特性，并且能够提高自己的自尊、彰显自己个性，或者认为购买该企业产品能提升自己形象时，他更有可能与企业取得认同。如森等（2001）认为在企业社会责任对顾客企业评价的正向影响中，顾客认同起到中介作用。这种认同感有助于满足消费者自我定义（即“我是谁?”）的需求。森等（2003）提出了一个关于“消费者—顾客认同”（C－C Identification）的概念模型，并试图分析在什么样的条件下消费者能对企业产生认同或归属感，这种认同感又会带来什么样的结果。同时还提出了一系列假设①，认为

① 森等（2003）共提出了14个假设，但并没有给出证明。假设1：消费者越认为企业身份与自己身份相似，则企业身份对消费者越具有吸引力，也就是说，企业身份与消费者身份之间的感知相似性在消费者对企业身份的感知与消费者对企业身份吸引力的评价二者关系中起到中介作用；假设2：在消费者重视的维度上，消费者认为企业身份越独特，则越对消费者具有吸引力，也就是说，消费者所重视的企业身份感知独特性在消费者对企业身份的感知与消费者对企业身份吸引力的评价二者关系中起到中介作用；假设3：消费者认为企业身份越有威望，则越对消费者具有吸引力，也就是说，消费者感知到的企业身份的威望在消费者对企业身份的感知与消费者对企业身份吸引力的评价二者关系中起到中介作用；假设4：消费者所知道的企业身份方面的知识，在消费者运用企业身份感知做出身份方面（如身份相似性、独特性、威望）相关判断的程度上起到调节作用；假设5：消费者对企业身份一致性的感知，在消费者运用企业身份感知做出身份方面（如身份相似性、独特性、威望）相关判断的程度上起到调节作用；假设6：消费者对企业身份的信任感知，在消费者关于企业身份方面的判断与对企业身份吸引力评价二者关系中起到调节作用；假设7：消费者与企业之间关系的密切程度在企业身份吸引力与“消费者—顾客认同”关系中起到调节作用，当消费者介入到企业社会网络中时，对有吸引力的企业身份更具有认同感；假设8：企业身份突出性在企业身份吸引力与“消费者—顾客认同”关系中起到调节作用，企业身份越突出，消费者越对有吸引力的企业身份有认同感；假设9：消费者的顾客认同水平越高，对企业现有产品越忠诚，越愿意试用企业的新产品；假设10：消费者的顾客认同水平越高，越愿意宣传企业，包括向别人推荐企业及其产品等；假设11：消费者的顾客认同水平越高，越愿意从自己社交圈中为企业招募新顾客；假设12：在一定承受范围内，消费者的顾客认同水平越高，对企业负面信息方面的抵御能力越强；假设13：当超出承受范围时，消费者的顾客认同水平越高，对企业负面信息的反应会越强烈和持久，尤其当这些负面信息与认同感有关时；假设14：消费者的顾客认同水平越高，对企业的要求就越高。

消费者对顾客认同水平越高，越容易对企业产生有利的消费者反应，如高忠诚度、高产品试用率与产品推介以及好的口碑等。马林等（Marin et al.，2007）提出了一个企业认同吸引力（Company Identity Attratciveness）模型，认为企业社会责任及社会责任支持会对企业与消费者之间的契合度（Company－Consumer Congruence）产生正面影响，进而对企业认同吸引力产生影响。通过实证检验，该模型获得了验证，并且还发现，相比于企业能力，企业社会责任对企业认同吸引力的影响要大一些。在迈尼昂等（2004）提出的概念模型中，顾客认同是企业社会责任行为的一个重要结果变量，并且顾客认同还在企业社会责任与其他利益相关者行为变量中起到中介作用。由上提出以下假设。

H5：企业社会责任水平对顾客认同产生正向影响，相比于消极的企业社会责任水平，积极的企业社会责任水平会增强消费者的顾客认同。

H6：社会责任支持度对企业社会责任水平与顾客认同之间的关系具有正向调节作用，即相对于低社会责任支持度而言，高社会责任支持度会增强企业社会责任水平与顾客认同之间的关系。

H7：顾客认同对消费者购买意愿具有正向影响作用：顾客认同度越高，消费者购买意愿就越高，反之顾客认同度越低，消费者购买意愿就越低。

H8：顾客认同在企业社会责任与消费者购买意愿之间起到中介作用。

五、危机严重性感知对顾客认同与购买意愿关系的影响

积极的顾客认同对消费者反应会起到正面影响作用，但若超越一定限度，可能会产生不利影响。正如消费者可能会原谅自己的小过错一样，对那些他们产生一定认同感的企业，消费者会对企业的过失进行“选择性扭曲”，因为这种认同感会让消费者对企业的行为及意图感到欣赏，甚至原谅企业的一些小过失。因此森等（2003）指出，在一定承受范围内，消费者对企业认同水平越高，其对企业负面信息方面的抵御能力就越强，但当超出消费者承受范围时，消费者对顾客认同水平越高，消费者对企业负面信息的反应会越强烈和持久，尤其是当这些负面信息与认同感有关时。因为若负面信息超出一定范围，会让消费者感到危机很严重。例如，当消费者发现自己非常信任的一

个标榜有社会责任感的企业被发现原来是血汗工厂，又如宣称对婴儿健康负责的三鹿奶粉竟然在婴幼儿奶粉中添加三聚氰胺这样的有害物等，那么对企业产生认同感的消费者与那些未产生认同感的消费者相比，反应会更加强烈和持久，他们可能会抵制企业的产品并对企业进行负面宣传。这样的情况尤其可能发生在当消费者认为企业行为背叛了消费者对它的认同和信任，并且消费者认为企业有能力控制这种“失误”，且“失误”与企业身份的核心理念有关时。

消费者对企业的认同感是一把双刃剑，能为企业带来利益，也能为企业带来潜在的危险。在组织行为领域有研究［巴塔查里亚等（Bhattacharya et al.，2002)］发现，当个体认为其个性与组织特性发生冲突时，会导致个体自我概念与组织自我概念相分离，进而产生组织失调（Disidentification)。由此可以推断，当危机超出一定程度时，消费者很有可能与危机发生企业也产生“分离”现象。顾客认同的这种双刃剑性质还表现在对企业要求不断升级上。森等（2003）提出的未经实证检验的假设指出，消费者对顾客认同水平越高，那么对企业的要求也就越高。当顾客认同一个企业时，企业所肩负的社会身份对消费者就会变得很重要［博尔德罗等（Boldero et al.，2000)］，消费者认为他们对企业的要求也会更加合理和重要［米切尔等（1997)］，因此消费者会更加积极和持续地对企业提出更高要求，尤其是当企业经过长期努力取得成功并带来企业身份的变化时。达顿等（Dutton et al.，1991）认为，当这种变化威胁到产生认同感的消费者的自我意识时，他们可能会抵制企业，并游说企业与其最初的身份保持一致。通常来说，企业为了取得消费者的认同，通常采用使消费者融入组织的方式，而在此过程中，企业会不知不觉提高消费者的影响力。有时候，消费者之间的认同感要超过对组织的认同感，这时消费者会联合起来向企业施加压力。总之，这些行为都可能导致消费者对企业拥有更强大的影响力，进而减少企业的自主权利。

基于同样的道理和逻辑，当企业危机严重性增加，甚至超出消费者可接受的范围时，社会责任支持度对购买意愿的正面影响也会发生逆转变化。由上可以提出以下假设。

H9：危机严重性感知对顾客认同与购买意愿之间的关系具有负向调节作

用：高危机严重性感知消费者相对于低危机严重性感知消费者而言，即使顾客认同强，社会责任水平与购买意愿之间的关系也较弱。

综合以上假设，本研究提出以下模型，如图5－1所示。

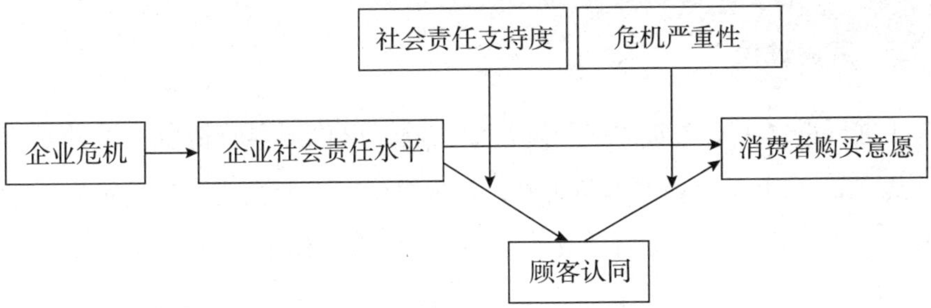

图5－1　危机情境下企业社会责任与消费者购买意愿的关系

第二节　研究设计

一、实验设计

为了验证上述假设，采用2(企业社会责任水平) ×2(危机严重程度) 二因素被试间随机实验设计来收集调研数据。

其中，企业社会责任包括两个水平，即积极的企业社会责任和消极的企业社会责任，其界定同第四章实验设计；危机严重程度包括两个水平：危机严重程度高和危机严重程度低。另外，为了鉴别社会责任水平是否真正对因变量产生影响，设计了控制组，针对控制组的问卷不涉及任何企业社会责任信息。

二、实验情境

实验情境的设计根据莫尔等（2005）在研究中所采用的实验情境进行改编。考虑到若采用现实中存在的企业名称或品牌，消费者很可能会受以前所接受信息的影响，从而影响调研数据的质量，因此也根据莫尔等（2005）所提建议，采用虚拟企业名称（A企业）。实验情境为虚拟被试去一家运动品专卖店购买运动鞋，情境中企业社会责任内容选择环境保护、赞助慈善事业和员工社区公益活动三项；对企业社会责任水平的操控通过虚拟的“全球企业社会责任排行榜”中的排名来控制；危机事件严重性程度通过产品质量事件来控制，高危机事件用运动鞋核心部件出问题来表述，低危机事件用运动鞋鞋帮开胶事件来表述，实验情境详见附录 D。

三、实验过程

在进行正式实验之前，首先进行预实验，以检测实验情境的设计是否合理。共有 27 名大学生参加了预实验，发现被试对企业社会责任两个水平的感知差异显著（$M_{CSR积极}=6.21$，$M_{CSR消极}=3.02$，$p<0.01$）；被试对危机严重性感知也表现出显著差异（$M_{危机高}=5.84$，$M_{危机低}=3.26$，$p<0.01$）。这说明实验条件操纵成功，可以进行正式实验。

在进行正式实验时，将阅读材料分两部分让被试阅读。首先让被试阅读情境材料（不包含 A 企业运动鞋出问题一段），然后让被试填写企业社会责任、社会责任支持度、顾客认同等变量的测项，接下来让被试阅读关于 A 企业运动鞋产品出问题的材料，然后再让被试填写关于危机严重性、消费者购买意愿等变量的测项。需要注意的是，考虑到模型的逻辑性，顾客认同测项必须在危机材料展示之前填写。最后共有 240 名同学参加正式实验。

四、变量测量

量表构成采用 7 点李克特量表进行评分，“1”代表“完全不赞同”，“7”代表“完全赞同”。

值得一提的是顾客认同变量。该变量的测量借鉴梅尔等（Mael et al.，1992）最先提出的组织认同量表，共包括六个测项，即：当有人批评该组织时，我感觉像是对我进行人身攻击；我很想知道他人对组织的看法；当我提起组织时，我通常说“我们”而不是“他们”；组织的成功就是我的成功；当别人赞扬组织时，我感觉如同在赞美自己；若有媒体对组织进行批评，我会感到尴尬。该量表被广泛采用。后来，梅尔等（1992）对量表进行了修正，开发了测量消费者顾客认同的量表，共包括五个测项，见表 5－1。

表 5-1 企业社会责任与消费者购买意愿关系研究量表构成

变量	测项	量表来源
企业社会责任	①该企业对环境很关心；②该企业积极参与社区事务；③该企业积极参与支持公益事业	布朗等（1997）
危机严重性感知	对我来说，这样的危机是（ ）的问题？（①非常轻微…… ④一般…… ⑦非常严重）	韦恩（Weun，1997）①
顾客认同	①我对别人对该企业的看法很感兴趣；②当有人赞美这家企业时，我好像感觉到自己受到了赞美；③我很关心有关这家企业的信息和发展状况；④当有人批评该企业时，我觉着好像受到了人身攻击一样；⑤我会向他人传播有利于该企业的信息，并会自觉抵制不利于该企业的信息	梅尔等（1992）
社会责任支持度	①企业应定期捐赠给慈善事业；②企业应支持自己员工在社区做志愿工作；③企业应捐赠部分产品给需要的人	莫尔等（2005）
产品购买意愿	①我会购买该产品；②若我计划购买该类产品，我更愿意选择该企业的产品；③如果我的朋友和家人要购买这类产品，我会推荐他们选择该企业的产品	贝伦斯等（2005）

第三节 数据分析与假设检验

一、描述性统计与主效应分析

运用三因素被试间方差分析（Three-way between-Subjects ANOVA）② 对调研数据进行分析，描述性统计结果如表 5-2 所示。可以看出，相比于危机严重

① WEUN W. G. Service failure and recovery：impacts on new customer relationships. Unpublished doctoral dissertation［M］. Tuscaloosa Alabama：University of Alabama，1997.

② 将社会责任支持度作为一个因素增加进来。社会责任支持度根据问卷测项来测量，最后根据得分情况取中值，将被试分为高社会责任支持度和低社会责任支持度。

性程度低时，危机严重性程度高时购买意愿较低（$M_{危机高}=3.15$，$M_{危机低}=3.80$），可以初步判断消费者对危机严重性程度的感知会对购买意愿产生影响：当危机严重性程度升高时，消费者购买意愿会下降。在社会责任水平作为主要自变量情境下，总体上看对社会责任支持度高的消费者购买意愿相对较高（$M_{CSR支持高}=3.90$，$M_{CSR支持低}=3.12$），但在社会责任水平积极和消极情境下差异还是很大：当社会责任水平积极时，高社会责任支持消费者的购买意愿远高于低社会责任支持消费者（$M_{CSR支持高}=5.07$，$M_{CSR支持低}=3.69$）；而当社会责任水平消极时，高社会责任支持消费者与低社会责任支持消费者在购买意愿上并无差异（$M_{CSR支持高}=2.54$，$M_{CSR支持低}=2.54$）。也就是说，当社会责任水平消极时，即使消费者的社会责任支持度高，但因为企业并未在社会责任行为上有良好表现，因此也并不会对消费者的实际购买意愿产生影响。无论危机严重性程度、社会责任支持度高低，社会责任水平积极组消费者相对于消极组消费者表现出更高的购买意愿（$M_{CSR积极}=4.34$，$M_{CSR消极}=2.54$）。

表5-2　不同CSR水平、CSR支持、危机严重性水平下消费者购买意愿的均值比较

CSR（积极，消极）	CSR支持（高，低）	危机严重性（高，低）	均值	标准误	N
消极	低	低	2.45	0.888	31
		高	2.63	1.070	32
		总和	2.54	0.981	63
	高	低	2.70	1.489	27
		高	2.35	1.369	23
		总和	2.54	1.432	50
	总和	低	2.57	1.201	58
		高	2.51	1.200	55
		总和	2.54	1.195	113
积极	低	低	4.41	1.474	27
		高	3.16	1.236	37
		总和	3.69	1.468	64
	高	低	5.41	1.373	34

续 表

CSR（积极，消极）	CSR 支持（高，低）	危机严重性（高，低）	均值	标准误	N
		高	4.58	1.442	24
		总和	5.07	1.449	58
	总和	低	4.97	1.494	61
		高	3.72	1.485	61
		总和	4.34	1.610	122
总和	低	低	3.36	1.541	58
		高	2.91	1.185	69
		总和	3.12	1.372	127
	高	低	4.21	1.959	61
		高	3.49	1.792	47
		总和	3.90	1.914	108
	总和	低	3.80	1.811	119
		高	3.15	1.482	116
		总和	3.48	1.685	235

二、交互效应分析

方差分析结果如表 5－3 所示。可以看出，企业社会责任水平、消费者社会责任支持度以及危机严重性三者的主效应均显著，分别是：$F(1, 227) = 118.450$，$p < 0.001$；$F(1, 227) = 12.342$，$p < 0.01$；$F(1, 227) = 10.903$，$p < 0.01$。社会责任水平积极组与消极组在购买意愿上存在显著差异［$M_{CSR积极} = 4.34$，$M_{CSR消极} = 2.54$，$F(1, 227) = 118.450$］，社会责任水平积极组的消费者购买意愿要明显高于消极组，又一次验证了企业社会责任水平会对购买意愿产生的正面影响作用，假设 H1 得到验证。

数据结果分析发现，企业社会责任水平与危机严重性之间的交互作用显著［$F(1, 227) = 7.661$，$p < 0.01$］，企业社会责任水平与社会责任支持度之间的交互作用显著［$F(1, 227) = 12.863$，$p < 0.01$］，而社会责任支持

与危机严重性两者间，以及社会责任水平、社会责任支持度及危机严重性三者间的交互作用均不显著，假设 H4 未得到验证。

表 5-3　　三因素被试间方差分析结果（因变量：购买意愿）

方差来源	平方和	自由度	均方	*F* 值	显著性水平
修正模型	284.983[a]	7	40.712	24.343	0.000
截距	2747.083	1	2747.083	1642.583	0.000
CSR 水平（积极，消极）	198.097	1	198.097	118.450	0.000
CSR 支持（高，低）	20.641	1	20.641	12.342	0.001
危机严重性（高，低）	18.234	1	18.234	10.903	0.001
CSR 水平 * CSR 支持	21.512	1	21.512	12.863	0.000
CSR 水平 * 危机严重性	12.812	1	12.812	7.661	0.006
CSR 支持 * 危机严重性	0.045	1	0.045	0.027	0.869
CSR 水平 * CSR 支持 * 危机严重性	3.206	1	3.206	1.917	0.168
误差	379.639	227	1.672		
总和	3505.000	235			
校正总和	664.621	234			

注：a　$R^2=0.429$（调整 $R^2=0.411$）。

为了进一步分析危机严重性对企业社会责任水平与购买意愿关系的调节作用方向，可以依据调节效应示意图进行判断，如图 5-2 所示。从图中可以看出，无论危机严重性程度是高还是低，当企业社会责任水平消极时，消费者购买意愿都比较低，但当危机严重性比较高时，消费者购买意愿对社会责任水平的敏感性却下降很多，即面对同样积极的社会责任水平，消费者购买意愿却降低很多。假设 H2 得到验证。

企业社会责任水平与社会责任支持度之间的交互作用如图 5-3 所示，从图中可以看出，当社会责任水平消极时，无论高社会责任支持度消费者还是低社会责任支持度消费者，其购买意愿都比较低，但当社会责任水平积极时，相比于低社会责任支持度消费者，高社会责任支持度消费者表现出了更高的购买意愿。假设 H3 得到验证。

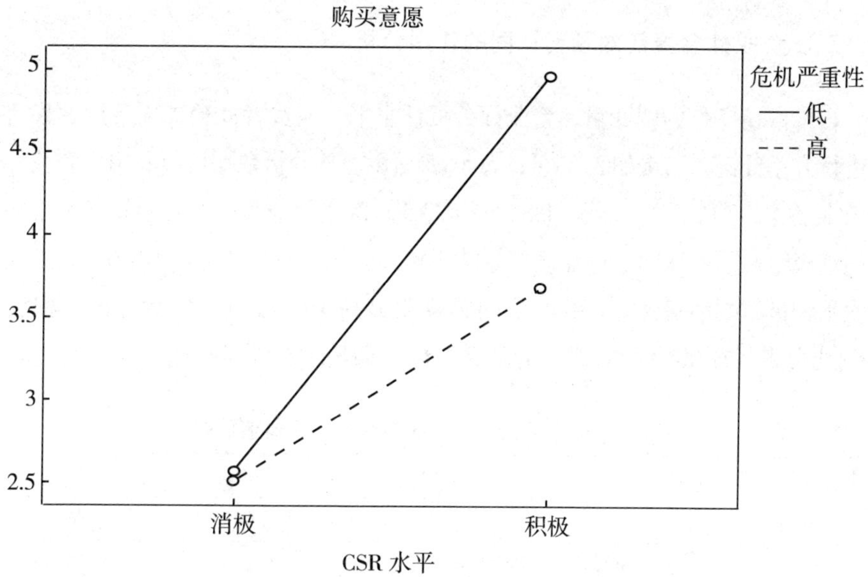

图 5－2　社会责任水平与危机严重性之间的交互作用

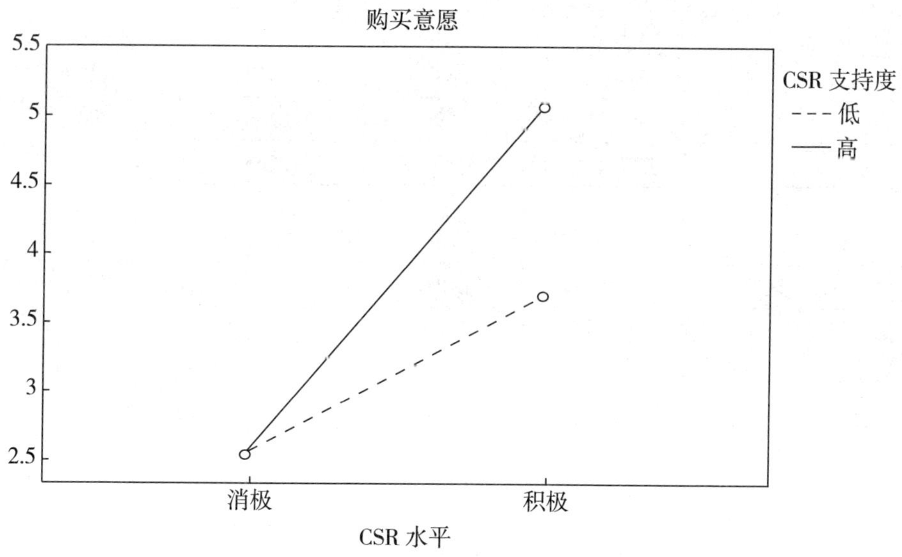

图 5－3　社会责任水平与社会责任支持度之间的交互作用

三、企业社会责任对顾客认同的作用分析

以顾客认同作为因变量，企业社会责任水平、消费者社会责任支持度为自变量进行方差分析，结果如表5－4、表5－5所示。从分析数据可以看出，企业社会责任水平［F（1，231）=66.488，$p<0.001$］的主效应显著，社会责任水平积极组与消极组在顾客认同上存在显著差异（$M_{CSR积极}=4.53$，$M_{CSR消极}=3.07$），社会责任水平积极组的消费者对企业的认同感要明显高于消极组，也就是说，积极的企业社会责任能够增强消费者的顾客认同。假设H5得到验证。

表5－4　不同CSR水平、CSR支持下顾客认同均值比较

社会责任水平	社会责任支持	均值	标准误	样本数
消极	高	3.08	1.082	63
	低	3.06	1.268	50
	总计	3.07	1.163	113
积极	高	4.30	1.550	64
	低	4.79	1.553	58
	总计	4.53	1.565	122
总和	高	3.69	1.467	127
	低	3.99	1.666	108
	总计	3.83	1.565	235

表5－5　两因素被试间方差分析结果（因变量：顾客认同）

方差来源	平方和	自由度	均方	F值	显著性水平
修正模型	132.892[a]	3	44.297	23.240	0.000
截距	3374.090	1	3374.090	1770.191	0.000
CSR水平	126.654	1	126.654	66.448	0.000
CSR支持	3.308	1	3.308	1.736	0.189
CSR水平＊CSR支持	3.867	1	3.867	2.029	0.156
误差	440.300	231	1.906		
总和	4020.000	235			
校正总和	573.191	234			

注：a　$R^2=0.232$（调整$R^2=0.222$）。

方差分析显示，社会责任支持［F（1，231）=1.763，p=0.189］的主效应不显著，社会责任水平与社会责任支持之间的交互效应［F（1，231）=2.029，p=0.156］也不显著。从以上两种结果来看，社会责任支持度对社会责任水平与顾客认同之间的关系并未产生显著影响，调节作用不明显，因此假设H6未得到验证。又考虑到在问卷设计中，尽管顾客认同测项是设计在企业危机信息披露之前，但也不排除被试事先通览问卷再回答，因此考虑到是否危机严重性感知也在影响顾客认同，从而对社会责任支持变量的调节作用形成干扰，于是以危机严重性感知作为控制变量，进行协方差分析（Analysis of Covariance），分析结果如表5-6所示。协方差分析结果再次确认，社会责任支持的主效应［F（1，230）=1.578，p=0.210］、社会责任支持与社会责任水平的交互效应［F（1，230）=2.225，p=0.137］均不显著。假设H6未得到验证。

表5-6　两因素被试间协方差分析结果（因变量：顾客认同）

方差来源	平方和	自由度	均方	F值	显著性水平
修正模型	153.731[a]	4	38.433	21.074	0.000
截距	731.949	1	731.949	401.345	0.000
危机严重性	20.839	1	20.839	11.427	0.001
CSR水平	130.469	1	130.469	71.539	0.000
CSR支持	2.878	1	2.878	1.578	0.210
CSR水平*CSR支持	4.058	1	4.058	2.225	0.137
误差	419.460	230	1.824		
总和	4020.000	235			
校正总和	573.191	234			

注：a　R^2=0.268（调整R^2=0.255）。

四、顾客认同与消费者购买意愿的关系分析

以顾客认同均值为分界点，将高于均值的消费者划分为“高顾客认同”消费者，低于均值的消费者划分为“低顾客认同”消费者，以危机严重性感知和顾客认同为自变量，购买意愿为因变量进行二元方差分析，方差分析结

果如表5-7、表5-8所示。

表5-7 不同危机严重性程度、顾客认同下消费者购买意愿的均值比较

危机严重性	顾客认同	均值	标准误	样本数
低	低	2.96	1.449	71
	高	5.04	1.570	48
	总和	3.80	1.811	119
高	低	2.78	1.306	91
	高	4.48	1.327	25
	总和	3.15	1.482	116
总和	低	2.86	1.369	162
	高	4.85	1.506	73
	总和	3.48	1.685	235

表5-8 顾客认同与危机严重性两因素被试间方差分析（因变量：购买意愿）

方差来源	平方和	自由度	均方	*F* 值	显著性水平
修正模型	205.987[a]	3	68.662	34.583	0.000
截距	2710.568	1	2710.568	1365.230	0.000
危机严重性	6.360	1	6.360	3.204	0.075
顾客认同（分类）	166.650	1	166.650	83.937	0.000
危机严重性 * 顾客认同	1.718	1	1.718	0.865	0.353
误差	458.634	231	1.985		
总和	3505.000	235			
校正总和	664.621	234			

注：a $R^2=0.310$（调整 $R^2=0.301$）。

从分析结果可以看出，顾客认同对购买意愿主效应显著［$F(1, 231)=83.937$，$p<0.001$］，高顾客认同消费者的购买意愿要显著高于低顾客认同消费者（$M_{高认同}=4.85$，$M_{低认同}=2.86$），因此消费者的顾客认同水平对购买意愿具有积极的促进作用。而危机严重性与顾客认同之间的交互作用并不显著［$F(1, 231)=0.865$，$p=0.353$］，这说明危机严重性感知对顾客认同与购

买意愿之间的关系不具有调节作用。假设 H9 未得到验证。从图 5－4 交互作用验证图中也可以看出，危机严重性与顾客认同的交互作用并不显著。

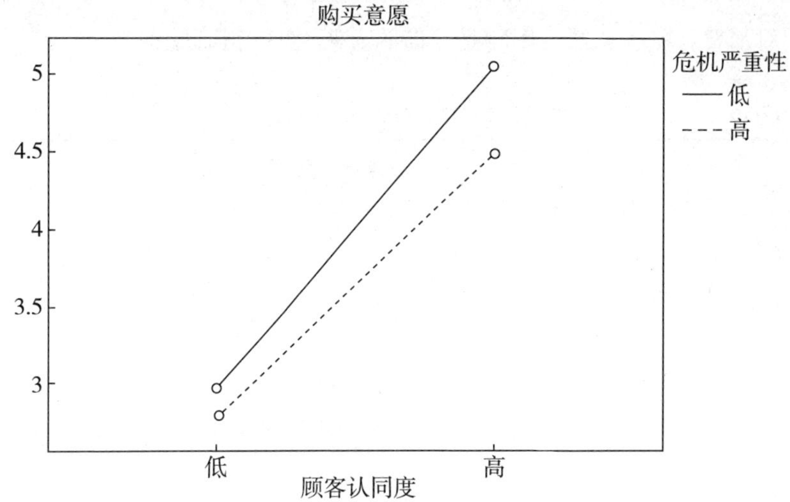

图 5－4　顾客认同与危机严重性交互作用

为了检验顾客认同对购买意愿产生的正向作用，首先对顾客认同与购买意愿两变量进行相关分析，分析结果如表 5－9 所示。可以看出，顾客认同与购买意愿的相关系数为 0.546，p 值 = 0.000，说明两者在 a = 0.01 水平上显著相关。

表 5－9　顾客认同与购买意愿相关分析

		顾客认同	购买意愿
顾客认同	Pearson Correlation Sig. (2－tailed) N	1 235	0.546** 0.000 235
购买意愿	Pearson Correlation Sig. (2－tailed) N	0.546** 0.000 235	1 235

注：** 表示在 0.01 水平上显著。

再进一步以购买意愿为因变量，顾客认同为自变量进行回归分析，结果如表 5 - 10 所示。分析结果表明，顾客认同与消费者购买意愿的回归系数为 0.546，p 值为 0.000，回归模型调整后的解释度系数 R^2 为 0.295。这说明，顾客认同对消费者购买意愿的影响是正向的。假设 H7 得到验证。

表 5 - 10　　购买意愿对顾客认同的回归分析

模型	非标准化回归系数		标准化系数	t 值	p 值
	B	标准误	*Beta*		
常数项	1.224	0.244		5.010	0.000
顾客认同	0.588	0.059	0.546	9.951	0.000

为了检验顾客认同在企业社会责任与消费者购买意愿之间的中介作用，根据巴伦等（1986）的建议，通过三个回归方程来进行检验。如表 5 - 11 所示。

表 5 - 11　　顾客认同变量的中介作用分析

回归方程	因变量	调整后 R^2	自变量	*Beta* 值	t 值	p 值
一	购买意愿	0.360	CSR 水平	0.508	5.844	0.000
			CSR 水平 * 危机严重性	-0.324	-4.473	0.000
			CSR 水平 * CSR 支持	0.329	4.381	0.000
二	顾客认同	0.252	CSR 水平	0.505	8.938	0.000
三	购买意愿	0.426	CSR 水平	0.302	3.307	0.001
			CSR 水平 * 危机严重性	-0.218	-3.050	0.003
			CSR 水平 * CSR 支持	0.293	4.104	0.000
			顾客认同	0.315	5.253	0.000

在第一个回归方程中，以社会责任水平、社会责任水平与危机严重性交互项、社会责任水平与社会责任支持交互项作为自变量，以消费者购买意愿作为因变量进行回归分析，结果发现三个自变量（CSR 水平：$B=0.508$，$p<0.001$；CSR 水平 * 危机严重性：$B=-0.324$，$p<0.001$；CSR 水平 * CSR 支持：$B=0.329$，$p<0.001$）均对购买意愿具有显著影响。在第二个回归方程

中，以企业社会责任水平为自变量，顾客认同为因变量进行回归分析，考虑到假设 H6 未得到验证，并未将社会责任水平与社会责任支持交互项作为因变量。结果发现社会责任水平对顾客认同具有显著影响（$B = 0.505$，$p < 0.001$）。第三个方程与第一个方程类似，只是自变量增加了顾客认同。增加顾客认同自变量后，方程一的 R^2 值大大增加，由 0.360 增加到 0.4260。另外，企业社会责任水平（CSR 水平：$B = 0.302$，$p = 0.001$）、顾客认同（$B = 0.315$，$p < 0.001$）对购买意愿均影响显著，这说明顾客认同在企业社会责任水平与消费者购买意愿关系中起到部分中介作用。假设 H8 得到验证。至此，全部假设检验完毕。

第四节　本章小结

在危机发生后的第三个阶段，即购买阶段，消费者会仔细考虑是否购买危机企业产品。本研究分析了危机情境下企业社会责任与消费者购买意愿的关系，并在二者关系模型中引入了消费者的危机严重性感知、顾客认同以及消费者社会责任支持度三个变量，以求更深入地分析危机情境下企业社会责任与消费者反应之间的内在机制。

在正常情况下，很多研究已经证明，企业社会责任水平与消费者购买意愿呈正相关关系。但在危机情境下，本研究发现，危机严重性程度对企业社会责任水平与消费者购买意愿之间的关系具有调节作用。当消费者的危机严重性感知水平较高时，消费者购买意愿对社会责任水平的敏感性会下降很多，换句话说，危机严重性削弱了企业社会责任水平对消费者购买意愿的正向积极作用。这与人们的现实经验相吻合，尽管消费者倾向于对那些富有社会责任感的企业产生好感，但若危机损害了企业的核心产品或竞争力，消费者在具体的购买行为决策中可能更倾向于依靠理性做出决策，放弃购买该企业产品。

在前面两项研究中，并未涉及消费者自身特征，在本研究中，则采用了社会责任支持度这一变量作为消费者特征变量。研究结果表明，消费者社会责任支持度与企业社会责任水平之间存在着交互作用。在消极的社会责任条件下，不管是高社会责任支持者还是低社会责任支持者，都表现出较低的购买意愿；而在积极的社会责任条件下，相比于低社会责任支持者，高社会责任支持者具有更高的购买意愿。也就是说，高社会责任支持者对企业的社会责任行为更加敏感，而低社会责任支持者很有可能对企业的社会责任活动“视而不见”。可以推断，当危机发生后，企业社会责任活动对危机的缓冲效应在低社会责任支持者群体中可能并不显著。

近年来，关于顾客认同的研究越来越多，森等（2003）针对顾客认同提出了一系列假设。本研究显示，社会责任积极组与消极组在顾客认同上差异显著，积极的企业社会责任能够增强顾客认同，而顾客认同与购买意愿之间又呈正相关关系。出乎意料的是，在本研究 H6“社会责任支持度对企业社会责任水平与顾客认同之间的关系具有正向调节作用”与 H9“危机严重性感知对顾客认同与购买意愿之间的关系具有负向调节作用”中，顾客认同的作用未能得到充分验证，原因可能是：在本研究中，顾客认同变量的测量只是基于被试对社会责任相关认知的基础上，其他企业信息相对很少；另外，由于所采用企业名称为匿名，相比较于一些研究中采用实名制企业而言，顾客认同的信息构成基础非常单薄。因此在以后的研究中，可以考虑选择现实企业，以对消费者关于已知名企业的先期顾客认同变量进行研究。

第六章　研究结论与展望

本章主要对本研究的主要结论、理论贡献、营销管理启示、研究存在的不足以及未来研究方向进行了阐述。

第一节　研究结论与理论贡献

一、研究结论

无论对处于正常经营环境下的企业，还是处于危机环境下的企业，消费者对企业的印象感知都非常重要，因为这关系到消费者的后续消费态度和行为。企业印象是一个笼统的词汇，许多学者用企业形象（Corporate Image）、企业声誉（Corporate Reputation）或企业联想（Corporate Association）来指代，但无论何种称谓，社会责任均是重要的构成要素。如古汉·坎利等（2004）认为社会责任、创新和诚信是构成企业形象的三个重要维度；弗布伦等（2000）也认为社会责任是构成企业声誉的六个维度之一；[①] 布朗等（1997）则用企业联想这一概念来描述消费者对企业的整体感性认知，包括消费者对企业的信念、情感、评价以及对其他企业信息的认知等，并通过定量研究证实了企业能力和企业社会责任是企业联想的两个主要维度。可见，企业社会责任水平是消费者对企业整体感知的重要内容，也是消费者对企业评价的重要依据。本研究将企业危机发生作为一个起点，将危机发生过程划分为三个

① 其余五个维度分别是情感吸引、产品与服务、愿景与领导力、财务绩效以及工作环境。

阶段，即危机发生阶段、企业反应阶段、消费者购买阶段，并针对消费者在这三个阶段所关心的问题，即谁造成了危机的发生、企业是否值得信任，以及是否应购买危机企业的产品，对企业社会责任的危机缓冲效应进行了系统研究。

研究结果表明，在危机发生后的三个阶段，企业社会责任在每一个阶段都能明显体现出危机缓冲效应的存在，从而证实了若危机发生前企业有良好的社会责任记录或表现，那么企业社会责任就会发挥出充当企业"保护伞"或危机"缓冲剂"的作用，就能将危机伤害的程度降低。当然危机缓冲效应的大小受到很多因素的影响。

在危机发生阶段，消费者会对危机进行归因，关心危机发生的原因，并有可能对企业产生责备心理。研究结果表明，企业社会责任的水平和类型均会对消费者归因及责备感产生影响，企业社会责任水平越高，消费者的危机归因结果就越有利于企业，认为危机由企业外部原因导致、是偶然发生的、是企业不可控制的可能性就越大，对企业的责备程度也就越低；相反，企业社会责任水平越低，归因结果就越不利于企业，认为危机是由企业自身原因导致、具有必然性、是企业可以控制的可能性就越大，对企业的责备程度也就越高。同样，对不同社会责任类型而言，相比于战术型社会责任，战略型社会责任能带来更好的归因结果、更低的企业责备感。

在企业反应阶段，消费者根据企业的危机反应方式及以前社会责任行为来判断是否应信任该企业。在正常经营环境下，企业社会责任会对消费者信任产生正面影响［皮瓦托等（2008）］，本研究结果表明，在危机情境下，企业社会责任水平照样会对消费者信任产生正向影响，积极的社会责任水平会带来更高的消费者信任。研究还发现，无论企业采取什么样的反应方式，积极的社会责任水平会使消费者对危机发生的内部归因倾向减少。这个结论非常有意思，因为若企业明确承担责任，说明危机是由企业自身原因造成的可能性非常大，但若企业实施积极的社会责任行为，内部归因的倾向仍会大大降低，换句话说，由于企业有良好的社会责任表现记录，即使企业自认为应对危机负责，消费者都不太愿意将账记在企业头上。另外还发现，在危机发生后的三个可供选择的反应方式中，"模棱两可"并不是一个好选择，因为它会导致消费者信任水平下降，数据分析结果也表明，当企业采用“模棱两可”的反应方式时，消费者将危机发生源归因于企业内部的可能性会非常高。

在消费者购买阶段，研究结果表明，与以往关于正常经营环境下企业社会责任与消费者购买意愿关系的结论类似，危机情境下，企业社会责任水平对购买意愿也会产生正向影响，也就是说，即使企业身临危机，在危机前社会责任表现良好的企业也要比表现差的企业拥有更高的消费者购买意愿，但危机情境下企业社会责任与消费者购买意愿的关系并非简单的线性关系，而会受到一些变量的中介作用和调节作用影响。研究结果表明，危机严重性感知对企业社会责任水平与消费者购买意愿之间的关系起到负向调节作用，消费者的危机严重性感知越高，企业社会责任对购买意愿的正向作用就越低，而消费者社会责任支持度对企业社会责任与消费者购买意愿的关系则起到正向调节作用，消费者的社会责任支持度越高，企业社会责任对购买意愿的正向作用就越强。另外还发现，顾客认同在企业社会责任与消费者购买意愿之间起到中介作用。

此前已有研究发现，一些品牌会通过使消费者产生正面的、积极的态度来形成良好的资产账户，从而比另一些品牌更能抵挡负面曝光的影响［格雷瑟（1995）］。本研究充分证明了在危机发生后的三个阶段中，若企业社会责任表现良好，也会形成良好的资产账户，从而对危机产生缓冲作用，并且缓冲作用的大小会受到社会责任类型、社会责任水平、企业危机反应方式、危机严重程度、消费者的社会责任支持度等因素的影响。

二、理论贡献

本研究的理论贡献主要体现在四个方面。首先，对企业社会责任的危机缓冲效应进行了系统的分析。在企业社会责任研究领域，以往研究较多地集中在讨论社会责任与财务绩效之间的关系，而基于特定利益相关方尤其是消费者视角的企业社会责任研究则非常匮乏。尽管出现了一些关于社会责任与消费者反应的研究成果［布朗等（1997），莫尔等（2000），默里等（1997），森等（2001）］，但相关研究大多着眼于企业正常经营条件下，对危机情境下企业社会责任与消费者反应关系的研究还非常少。尤其在国内，企业社会责任研究还处于探索阶段，大多数研究着眼于对西方社会责任领域相关概念、理论的引进和介绍，或者侧重于将西方研究模型或框架直接套用在中国情境下，缺乏创新性。本研究将危机发生后三个阶段中消费者最关心的三个前后相关的问题放置在社会责任背景下，系统地考察了社会责任的危机缓冲效应，分析视角具有一定创新性。

其次，验证了社会责任类型与社会责任水平对消费者反应所起到的交互作用。尽管以往有文献对社会责任类型与消费者反应、社会责任水平与消费者反应的关系进行过研究，但在企业危机情境下就二者交互作用对消费者反应的影响研究并不多见。本研究发现，在四个消费者反应变量，即危机发生源归因、稳定性归因、可控性归因以及企业责备程度中，企业社会责任类型与社会责任水平交互效应在除发生源归因外的其他三个变量上均呈现出显著性。该研究结果丰富了企业社会责任与消费者反应关系研究的理论成果。

再次，验证了企业社会责任水平对消费者信任的影响，即当危机发生后，企业在危机发生前的良好社会责任表现会缓冲消费者信任水平的下降。同时，企业的危机反应方式与消费者信任之间的关系并不像日常经验所显示的那样，研究发现，当危机发生后，在“明确承担责任”“模棱两可”以及“明确不承担责任”这三种反应方式中，“明确承担责任”并不是一个坏选择，相反更有可能赢得消费者信任，而“模棱两可”的反应方式却是最不可取的。现实中，当危机发生后，许多本应对危机负责的企业自以为是的采取“模棱两可”的反应方式以求推卸责任，本研究证明其结果会适得其反。

最后，验证了危机发生后企业社会责任水平与消费者购买意愿之间并非简单的线性相关关系，而是受消费者社会责任支持度、危机严重性感知等诸多变量的影响，进一步解释了社会责任与消费者反应关系背后的黑匣子机制，丰富、扩展了已有的研究成果，为危机情境下企业社会责任与消费者反应机制方面的研究提供了新的模型和视角。在以前相关研究中，很少提及危机严重性感知这一变量，本研究证实了危机严重性感知在企业社会责任与消费者反应关系中起到重要调节作用。

第二节　营销管理启示

基于消费者将会对社会责任记录良好的企业予以回报这样的判断，许多企业将实施社会责任活动提上了日程安排［克莱因等（2004），米尔等（2006）］。企业也开始认识到为了生存和保持竞争优势，必须从“做得好”（Doing Good）向“做得更好”（Doing Better）转变［斯特鲁普等（Stroup et al.，1987）］，而企业社会责任则被视为一种提升企业长远绩效的投资工具。本研究通过对企业社会责任水平的深入研究，根据相关结论，可以得到以下营销管理启示。

第一，企业应建立基于社会责任的危机防御系统。实证分析结果证明企业社会责任的危机缓冲效应确实存在，因此企业可以通过实施社会责任战略建立危机防御体系。许多企业之所以不重视社会责任方面的投入，是因为对社会责任与企业绩效之间的关联性没有深刻认识。在本研究中，企业社会责任在企业危机三个阶段中均能体现其危机缓冲效应，因此企业既要在思想上重视社会责任，同时也要在实际行动上有所体现。企业社会责任的危机缓冲效应会受到社会责任类型与水平、消费者的危机严重性感知、消费者的社会责任支持度等众多变量的影响，企业在营销实践中要深刻认识社会责任的作用路径和机制，最好能单独制定社会责任实施计划和路线图，将企业社会责任战略提高到一个新层次上来。

第二，企业在实施社会责任时不要抱着急功近利的态度。尽管企业实施社会责任能影响顾客认同、消费者购买意愿等反应变量，但企业不能抱着短期利润导向的心态去实施社会责任，否则效果会适得其反。实证研究表明，战略型社会责任在危机归因、消费者责备程度等方面的影响要好于战术型社会责任。战略型社会责任重在长远，而战术型社会责任更重短期利益，本次研究的实证结果表明欲速则不达。一般情况下，消费者会基于“好人做好事”这样的朴素逻辑来判断那些实施社会责任活动的企业，即实施社会责任活动的企业是好企业，但是当消费者对企业实施社会责任背后的动机产生怀疑时，消费者会变成怀疑论者，会通过更加复杂的归因过程来推测企业的动机，并以此来纠正或颠覆自己原先对企业所持有的良好印象。实施战术型、低水平社会责任活动，容易使消费者进行不利于企业的动机归因。相反，若不刻意关注社会责任与企业利益指标之间的关联性，实施积极的社会责任活动，反而会为企业积攒良好的声誉资本，进而带来更好的经济效益，并且当危机发生时还能将危机伤害降到较低水平。

第三，重视危机应对措施。企业营销环境既包括宏观环境，如经济、法律、人文、政治、科技环境等，又包括微观环境，如供应商、分销商、消费者、公众以及企业自身等。营销环境不可预测的变化，都可能给企业带来危机，可以说危机具有不可避免性。危机一旦发生，企业必须去积极面对，而非消极逃避，这时企业需要秉承一个原则，即“永远不要低估消费者的智商”，若危机责任确实在企业一方，最明智的策略就是明确承担责任，采用狡辩、混淆是非、偷梁换柱等方式来掩盖过错是最不明智的做法。本研究结果显示若过错的确是由于企业自身导致，那么“明确承担责任”是一个最好的选择，相反“模棱两可”的反应方式并不能减少消费者的内部归因倾向，并且会招致较高的企业责备感。

第四，企业可以利用社会责任活动来实现差异化竞争优势。在激烈的市场竞争中，许多企业通过实施定位战略来塑造差异化优势，以求吸引、保留忠诚顾客，实现企业目标。在营销实践中，企业往往从两方面着眼来实施企业定位策略，一方面是基于产品业绩进行定位，如宣传产品如何优良、品质如何出众等；另一方面是基于价值观层面进行定位，如宣传企业如何勇于进取、如何友好公平地对待员工等。企业社会责任策略就属于价值观层面的定位策略。本研究结果显示，对处于危机中的企业而言，其危机发生前的高水平或积极的社会责任表现会带来更高的顾客认同、消费者购买意愿、更有利的消费者归因以及更低的企业责备感。凯勒（1993）认为，积极的品牌联想、高度的顾客认同是构建基于消费者品牌资产（Consumer-based Brand Equity）的基础。因此，积极的、正面的社会责任表现也成为构建品牌资产的基础，该品牌资产会使处于危机中的企业仍能保持一定的竞争优势。因此，采取高水平的、积极的、战略型的社会责任行为，不仅能帮助企业抵制、缓冲危机所带来的负面归因、企业责备等不利影响，增强企业抵御危机的能力，还能帮助企业树立竞争优势，这是企业长期生存之本。

第五，对企业社会责任对消费者反应的积极影响结果要持谨慎的乐观态度。本研究结果充分证实了企业社会责任危机缓冲效应的存在，但企业也要充分认识到，消费者从态度支持转变到实际购买行为还有一段距离。在消费者购买决策中，企业社会责任还远未成为一种主要的决策依据或标准［布尔斯托德等（Boulstride et al.，2000）］，像价格、质量、品牌熟悉度等传统变量依然是最主要的决策依据。森等（2004）也认为，消费者对企业社会责任的反应并不像市场调查结果所显示的那样直接和明显。但企业必须着眼于长远，要充分重视社会责任的作用，也许在目前环境下企业社会责任所带来的实际购买行为的增加并没有理论研究所显示的那样高，但将社会责任提升到战略层次无疑是一种有远见的正确选择。

第三节　研究局限与未来展望

本论文存在以下局限，这些局限同时也为未来的研究方向提供了参考。

第一，研究结果的外部效度有待提高。为了更准确地分析危机情境下企业社会责任行为对消费者反应的影响作用，本研究中的三项子研究均采用实验研究方法，并且以学生样本作为被试对象，故实验结果的内部效度能有保障，但由于被试对象并非实际消费者，并且为了避免被试心目中已有企业信息对实验结果可能造成的影响，研究中的企业均为虚拟或匿名，这样做的结果是实验结果更加准确，但缺点是外部效度较低。目前，一些学者开始运用准实验研究、问卷调查等多种方法来研究社会责任与消费者反应之间的关系，在后续研究中也可以借鉴这些方法，并且采用实名制企业或品牌，以提高研究结果的外部性。

第二，企业社会责任种类应多元化。企业社会责任的内容、种类及范围非常宽泛。考虑到研究结果的连贯性和可比性，在本研究的三项子研究中，主要采用中国消费者比较熟悉的环境保护作为企业社会责任内容，对其他诸如公益宣传、善因营销、慈善活动、社区志愿活动等社会责任类型则较少涉及。不同类型的社会责任行为对消费者反应的影响是有差异性的，未来研究可以考虑采用其他社会责任内容，或采用比较视角，对危机情境下不同社会责任内容对消费者反应变量的作用进行研究。

第三，考虑基于价值观的危机情境。企业危机分类方法有很多，如可分为基于业绩的企业危机和基于价值观的企业危机［普利格等（2006）］。目前，营销研究中大多采用由于技术或产品失败原因所引起的危机，因为这类危机在现实中跟消费者关系最密切，影响也最直接。另外，考虑到目前中国的企业和消费者社会责任意识还比较淡薄，采用基于价值观的企业危机作为背景会导致相关变量的影响效应出现下降的问题，因此本研究的实验设计也采用产品危机作为实验情境，但基于价值观的企业危机尽管不涉及具体的产品属性，也会影响到品牌的象征性利益，最终会影响到消费者反应，因此未来研究中可采用基于价值观的危机情境，还可进一步对比两种危机情境下社会责任与消费者反应关系的差异。

第四，引入更多的影响变量。企业社会责任与消费者反应之间的关系非常复杂，受许多变量的影响。其中，消费者对企业的事先信念及消费者自身特征是两类重要的影响变量，如品牌关系质量（黄静等，2008）、消费者自我构建（姚琦等，2011）、品牌态度确定性［福汉德等（2003）］等。本研究在实验中采用匿名企业或杜撰的企业名称，因此未考虑事先信念因素，而对消费者自身特征方面的变量，则只采用了消费者社会责任支持度这一变量，为了更进一步研究危机情境下社会责任的危机缓冲效应，未来研究可考虑在模型中纳入更多的影响变量。

第五，重视顾客认同变量的作用。森等（2003）在研究中提出了一个关于顾客认同的概念模型，并提出了一系列研究假设，尽管未进行实证研究对假设进行检验，但对顾客认同的重要作用却给予了充分论述。本研究通过实证研究证实了危机情境下企业社会责任水平对顾客认同具有正向作用，顾客认同对消费者购买意愿又具有正向作用，但对两个涉及顾客认同的其他假设并未得到验证，这里面可能有实验设计的原因，更可能的原因是顾客认同因为涉及消费者个性与企业个性特征相匹配问题，因此需要消费者对企业有充分的认知和了解。在未来研究中，可考虑采用知名度高、拥有一定顾客基础的实名企业或品牌作为实验背景，通过对具有实际购买经历的消费者的调研对顾客认同变量进行研究。

第六，采用文化对比视角进行研究。目前国内许多关于社会责任与消费者反应的实证研究大多直接采用或借鉴国外研究模型，但由于文化差异等因素的影响，中国消费者与国外消费者对社会责任的反应机制与模式肯定会有差异。因此在未来研究中可以采用跨文化比较视角来探讨中国消费者与国外消费者在消费者反应方面存在哪些差异，差异的背后原因又是什么，企业，尤其是跨国企业在应对企业危机时应在反应措施上做怎样的调整等问题。

总之，企业社会责任的危机缓冲效应是一个较为新颖的研究主题，相关学术研究成果也日益受到企业界的重视。目前，该研究领域还有许多问题有待探讨，随着越来越多的研究者对该领域的关注，相信有价值的学术研究成果会越来越多，理论成果的现实应用价值也会越来越受到重视。

参考文献

[1] 蔡瑞林，陈万明，朱雪春．消费者对企业社会责任信息反应差异的探究［J］．软科学，2015（2）：77－81.

[2] 曹凤月．企业社会性：企业社会责任研究的逻辑前提［J］．哲学动态，2009（7）：59－62.

[3] 陈宏辉，张麟，向燕．企业社会责任领域的实证研究：中国大陆学者2000—2015年的探索［J］．管理学报，2016，13（7）：1051－1059.

[4] 陈晓峰．企业社会责任与顾客忠诚度关系的实证分析——基于牛乳制品消费者的视角［J］．科研管理，2014（1）：98－106.

[5] 崔金欢，符国群．产品危害事件对品牌资产变动的影响［J］．南开管理评论，2002（5）：17－22.

[6] 邓新明，龙贤义．企业社会责任、公司评价与消费者响应［J］．中南财经政法大学学报，2017（5）：126－136.

[7] 邓新明，龙贤义，刘禹，等．善行必定有善报吗——消费者抵制企业社会责任行为的内在机理研究［J］．南开管理评论，2017，20（6）：129－139.

[8] 董大海，王建军，张瑞雪，等．关系营销导向对顾客忠诚的影响机制研究——以关系质量为中介变量［J］．现代管理科学，2012（3）：21－23.

[9] 范秀成，郑秋莹，姚唐，等．顾客满意带来什么忠诚？［J］．管理世界，2009（2）：83－91.

[10] 方正．产品伤害危机应对方式对顾客感知危险的影响——基于中国消费

者的实证研究［J］．经济体制改革，2007（3）：174－176.

［11］方正，杨洋．产品伤害危机及其应对研究前沿探析［J］．外国经济与管理，2009（12）：44－57.

［12］顾浩东，宋亦平．道德的理性或直觉：消费者对于企业社会责任行为的反应过程研究［J］．营销科学学报，2009，5（4）：1－25.

［13］郭国庆，张中科，陈凯，等．口碑传播对消费者品牌转换意愿的影响：主观规范的中介效应研究［J］．管理评论，2010（12）：62－69.

［14］郭志刚．社会统计分析方法——SPSS软件应用［M］．北京：中国人民大学出版社，1999.

［15］侯丽敏，朱徐晨，杨敏炎．企业社会责任、企业能力与品牌资产关系的实验研究［J］．华东理工大学学报（社会科学版），2014（3）：52－60.

［16］黄静，熊巍．犯错品牌的投入对消费者再续关系意愿的影响［J］．营销科学学报，2008（4）：13－22.

［17］金立印．顾客服务补救预期：形成因素及对顾客满意的影响［J］．营销科学学报，2006，2（2）：1－15.

［18］井淼，周颖．产品伤害危机中危机反应策略对品牌资产的影响——基于企业社会责任的视角［J］．工业工程与管理，2013，18（2）：122－130.

［19］井淼，周颖，王方华．产品伤害危机对品牌资产影响的实证研究［J］．工业工程与管理，2009，14（6）：109－113.

［20］鞠芳辉，谢子远，宝贡敏．企业社会责任的实现——基于消费者选择的分析［J］．中国工业经济，2005（9）：91－98.

［21］李国峰，邹鹏，陈涛．产品伤害危机管理对品牌声誉与品牌忠诚关系的影响研究［J］．中国软科学，2008（1）：108－115.

［22］李海廷．企业社会责任、危机反应方式与消费者信任［J］．商业研究，2013（12）：102－108.

［23］李海廷．企业社会责任与消费者购买意愿分析［J］．商业研究，2014（2）：88－96.

［24］李海廷．企业危机情境下消费者反应机制研究［J］．物流技术，2012（5）：7－10.

[25] 李惠璠，李季．利益相关者对上市公司战略性企业履行社会责任之驱动作用［J］．现代财经，2009（12）：71－76.

[26] 李敬强，刘凤军．企业社会责任特征与消费者响应研究——兼论消费者—企业认同的中介调节效应［J］．财经论丛，2017（1）：85－94.

[27] 刘凤军，孔伟，李辉．企业社会责任对消费者抵制内化机制研究——基于AEB理论与折扣原理的实证［J］．南开管理评论，2015，18（1）：52－63.

[28] 刘凤军，李敬强，李辉．企业社会责任与品牌影响力关系的实证研究［J］．中国软科学，2012（1）：116－132.

[29] 卢东．消费者对企业社会责任的反应研究［D］．成都：西南交通大学，2009.

[30] 马龙龙．企业社会责任对消费者购买意愿的影响机制研究［J］．管理世界，2011（5）：120－126.

[31] 马伊里，杨团．公司与社会公益［M］．北京：华夏出版社，2002.

[32] 米尔顿·弗里德曼．资本主义与自由［M］．张瑞玉，译．北京：商务印书馆，1986.

[33] 欧平，周祖城，王漫天．基于企业社会责任的消费者类型、特征及规模的实证研究［J］．系统管理学报，2011，20（4）：441－447.

[34] 齐丽云，李腾飞，郭亚楠．企业社会责任对企业声誉影响的实证研究——基于战略选择的调节作用［J］．科研管理，2017（7）：117－127.

[35] 齐丽云，张碧波，郭亚楠．消费者企业社会责任认同对购买意愿的影响［J］．科研管理，2016（5）：112－121.

[36] 沈红波，谢越，陈峥嵘．企业的环境保护、社会责任及其市场效应——基于紫金矿业环境污染事件的案例研究［J］．中国工业经济，2012（1）：141－151.

[37] 沈洪涛，沈艺峰．公司社会责任思想起源与演变［M］．上海：上海人民出版社，2007.

[38] 舒华，张亚旭．心理学研究方法［M］．北京：人民教育出版社，2008.

[39] 谭克诚，张衔．论企业社会责任的美国模式——对当前主流企业社会责任研究范式的一个述评［J］．经济问题探索，2014（2）：184－190.

[40] 田敏，李纯青，萧庆龙．企业社会责任行为对消费者品牌评价的影响［J］．南开管理评论，2014，17（6）：19－29.

[41] 王海忠，江红艳，江莹，等．品牌承诺和自我构建影响消费者对产品伤害危机的反应——归因理论的视角［J］．营销科学学报，2010，6（1）：24－40.

[42] 王晶晶，杨洁珊，胡成宝．企业社会责任的研究现状及未来研究展望——基于 CSSCI 来源期刊中经济学、管理学类期刊上文章的分析［J］．管理评论，2010，22（8）：96－102.

[43] 王晓玉，晁钢令．企业营销负面曝光事件研究述评［J］．外国经济与管理，2009（2）：33－39.

[44] 王晓玉，晁钢令，吴纪元．产品伤害危机及其处理过程对消费者考虑集的影响［J］．管理世界，2006（5）：86－95.

[45] 汪涛，周玲，彭传新．消费者不安全感与怀旧产品购买行为研究［J］．经济管理，2011（1）：83－92.

[46] 汪旭辉，冯文琪，张杨．“化险为夷”还是“雪上加霜”？——负面网络口碑情境下零售企业社会责任行为对品牌权益的影响研究［J］．商业经济与管理，2015（7）：5－15.

[47] 吴晓云，李海廷，张峰．企业社会责任与财务绩效不确定性关系研究：一个分析框架［J］．学术交流，2011（2）：60－63.

[48] 吴旭明．消费者个体差异对品牌资产的影响研究——基于可辩解型产品伤害危机［J］．中国流通经济，2008（10）：55－58.

[49] 谢佩洪，周祖城．中国背景下 CSR 与消费者购买意向关系的实证研究［J］．南开管理评论，2009（1）：64－70.

[50] 谢毅，彭泗清．两类企业公开信息及其交互作用对消费者品牌关系的影响［J］．南开管理评论，2009（1）：71－83.

[51] 徐尚昆，杨汝岱．中国企业社会责任及其对企业社会资本影响的实证研究［J］．中国软科学，2009（11）：119－128.

[52] 徐岚，杨志林，周南，等．友善和正直：何时对品牌信任更重要？——影响友善和正直与品牌信任关系的调节变量研究［J］．营销科学学报，2008，4（1）：15－35.

[53] 阎俊，佘秋玲．社会责任消费行为量表研究［J］．管理科学，2009（2）：73－82.

[54] 姚琦，黄静．说服策略对消费者再续品牌关系意愿的影响［J］．经济管理，2011（1）：155－165.

[55] 游士兵，黄柄南．企业捐赠行为对消费者购买意愿的影响研究［J］．统计研究，2009（11）：56－60.

[56] 余伟萍，赵占恒．丑闻后企业社会责任行为对品牌形象的影响研究——丑闻责任的调节作用和利他性归因的中介作用［J］．华东经济管理，2015（5）：8－15.

[57] 张莉，林与川，等．实验研究中的调节变量和中介变量［J］．管理科学，2011，24（1）：108－116.

[58] 张兆国，梁志钢，尹开国．利益相关者视角下企业社会责任问题研究［J］．中国软科学，2012（2）：139－146.

[59] 郑广怀．消费者对公司社会责任的反应——一项国家与社会关系的考察［J］．社会学研究，2004（4）：98－106.

[60] 周祖城，张漪杰．企业社会责任相对水平与消费者购买意向关系的实证研究［J］．中国工业经济，2007（9）：111－118.

[61] 周延风，罗文恩，肖文建．企业社会责任行为与消费者响应——消费者个人特征和价格信号的调节［J］．中国工业经济，2007（3）：62－69.

[62] AAKER J，FOURNIER S，BRASEL S A. When good brands go bad［J］. Journal of Consumer Research，2004，31（6）：1－16.

[63] AHLUWALIA R，BURNKRANT R E，UNNAVA H R. Consumer response to negative publicity：the moderating role of commitment［J］. Journal of Marketing Research，2000，37（2）：203－214.

[64] ALI I，REHMAN K U，YILMAZ A K，et al. Effects of corporate social responsibility on consumer retention in cellular industry of Pakistan［J］. African Journal of Business Management，2010，4（4）：475－485.

[65] ANDREASEN A R. Social marketing：its definition and domain［J］. Journal of Public Policy and Marketing，1994（13）：108－114.

[66] ANTIL J H. Socially responsible consumers: profile and implications for public policy [J] . Journal of Macromarketing, 1984, 4 (3): 18 -39.

[67] ARLOW P, GANNON M J. Social responsiveness, corporate structure, and economic performance [J] . Academy of Management Review, 1982 (7): 235 -241.

[68] AUPPERLE K E, CARROLL A B, HATFIELD J D. An empirical examination of the relationship between corporate social responsibility and profitability [J] . Academy of Management Journal, 1985 (28): 446 -463.

[69] BARON R M, KENNY D A. The moderator-mediator variable distinction in social psychological research: conceptual, strategic, and statistical considerations [J]. Journal of Personality and Social Psychology, 1986, 51 (6): 1173 -1182.

[70] BARNETT M L, SALOMON R M. Beyond dichotomy: the curvilinear relationship between social responsibility and financial performance [J]. Strategic Management Journal, 2006 (27): 1101 -1122.

[71] BARONE M J, MIYAZAKI A D, TAYLOR K A. The influence of cause-related marketing on consumer choice: does one good turn deserve another? [J]. Journal of the Academy of Marketing Science, 2000, 28 (2): 248 -262.

[72] BECKER-OLSEN K L, CUDMORE B A, HILL R P. The impact of perceived corporate social responsibility on consumer behavior [J] . Journal of Business Research, 2006, 59 (1): 46 -53.

[73] BELK R W. Possession and the extended self [J] . Journal of Consumer Research, 1988 (15): 139 -168.

[74] BENJAMIN J D, ORLITZKY M. Corporate social performance and firm risk: a meta-analytic review [J] . Business & Society, 2001, 40 (4) : 369 -396.

[75] BERENS G, VAN RIEL C B M, VAN BRUGGEN G H. Corporate associations and consumer product responses: the moderating role of corporate brand dominance [J] . Journal of Marketing, 2005 (69): 35 -48.

[76] BERGAMI M, BAGOZZI R P. Self-categorization, affective commitment and group self-esteem as distinct aspects of social identity in the organization [J].

British Journal of Social Psychology, 2000, 39 (4): 555 -577.

[77] BERLE A A. Corporate powers as powers in trust [J] . Harvard Law Review, 1931, 44 (7) : 1049 -1074.

[78] BERLE A A. Modern functions of the corporate system [J] . Columbia Law Review, 1962, 62 (3): 433 -449.

[79] BERMAN S L, WICKS A C, KOTHA S, et al. Does stakeholder orientation matter? The relationship between stakeholder management models and firm financial performance [J] . Academy of Management Journal, 1999 (42): 488 -506.

[80] BERRY L L. Relationship marketing of services-growing interest, emerging perspectives [J] . Journal of the Academy of Marketing Science, 1995, 23 (4): 236 -245.

[81] BHATTACHARYA C B, ELSBACH K D. Us versus them: the roles of organizational identification and disidentification in social marketing initiatives [J] . Journal of Public Policy and Marketing, 2002 (21): 26 -36.

[82] BHATTACHARYA C B, RAO H, GLYNN M A. Understanding the bond of identification: an investigation of its correlates among art museum members [J] . Journal of Marketing, 1995, 59 (10): 46 -57.

[83] BHATTACHARYA C B, SEN S. Consumer-company identification: a framework for understanding consumers' relationships with companies [J]. Journal of Marketing, 2003 (67): 76 -88.

[84] BHATTACHARYA C B, SEN S. Does doing good always lead to doing better? Consumer reactions to corporate social responsibility [M] . Journal of Marketing Research, 2001: 225 -243.

[85] BHATTACHARYA C B, SEN S. Doing better at doing good: when, why, and how consumers respond to corporate social initiatives [J] . California Management Review, 2004, 47 (1): 9 -24.

[86] BLOMQVIST K. The many faces of trust [J] . Scandinavian Journal of Management, 1997, 13 (3): 271 -286.

[87] BLUMENTHAL D, BERGSTROM A J. Brand councils that care: towards the convergence of branding and corporate social responsibility [J]. Journal of Brand Management, 2003, 10 (4): 327-339.

[88] BOLDERO J, FRANCIS J. The relation between self-discrepancies and emotion: the moderating roles of self-guide importance, location relevance, and social self-domain centrality [J]. Journal of Personality and Social Psychology, 2000, 78 (1): 38-52.

[89] BOULSTRIDGE E, CARRIGAN M. Do consumers really care about corporate responsibility? Highlighting the attitude-behavior gap [J]. Journal of Communication Management, 2000, 4 (4): 355-368.

[90] BOULSTRIDGE E, CARRIGAN M. A strategic posture toward corporate social responsibility [J]. California Management Review, 1975 (18): 49-58.

[91] BRADFORD J L, GARRETT D E. The effectiveness of corporate communicative response to accusations of unethical behavior [J]. Journal of Business Ethics, 1995 (14): 875-892.

[92] BREIVIK E, THORBJORNSEN H. Consumer brand relationships: an investigation of two alternative models [J]. Journal of the Academy of Marketing Science, 2008 (36): 443-472.

[93] BRONN P S, VRIONI A B. Corporate social responsibility and cause-related marketing: an overview [J]. International Journal of Advertising, 2001, 20 (2): 207-222.

[94] BROWN T J, DACIN P A. The company and the product: corporate associations and consumer product responses [J]. Journal of marketing, 1997 (61): 68-84.

[95] CAMPBELL M C. When attention-getting advertising tactics elicit consumer inferences of manipulative intent: the importance of balancing benefits and investments [J]. Journal of Consumer Psychology, 1995 (4): 225-254.

[96] CAMPBELL M C, KIRMANI A. Consumers' use of persuasion knowledge: the effects of accessibility and cognitive capacity on perceptions of an influence agent [J]. Journal of Consumer Research, 2000 (27): 69-83.

[97] CARRIGAN M, ATTALLA A. The myth of the ethical consumer – do ethics matter in purchase behavior? [J]. Journal of Consumer Marketing, 2001, 18 (7): 560 – 578.

[98] CARROLL A B. A three-dimensional conceptual model of corporate social performance [J]. Academy of Management Review, 1979 (4): 497 – 505.

[99] CARROLL A B. Corporate social responsibility: evolution of a definitional construct [J]. Business & Society, 1999, 38 (3): 268 – 295.

[100] Carroll A B. The pyramid of corporate social responsibility: toward the moral management of organizational stakeholders [J]. Business Horizons, 1991 (34): 39 – 48.

[101] CARVALHO S W, SEN S, MOTA M O, et al. Consumer reactions to CSR: a Brazilian perspective [J]. Journal of Business Ethics, 2010 (91): 291 – 310.

[102] CHAHAL H, SHARMA R D. Implications of corporate social responsibility on marketing performance: a conceptual framework [J]. Journal of Services Research, 2006, 6 (1): 205 – 216.

[103] CHAUDHURI A, HOLBROOK M B. The chain of effects from brand trust and brand affect to brand performance: the role of brand loyalty [J]. Journal of Marketing, 2001, 65 (2): 81 – 93.

[104] CLARKSON M B. A stakeholder framework for analyzing and evaluating corporate social performance [J]. Academy of Management Review, 1995 (20): 92 – 117.

[105] COCHRAN P L, WOOD R A. Corporate social responsibility and financial performance [J]. Academy of Management Journal, 1984 (27): 42 – 56.

[106] CREYER E H, ROSS W T. The influence of firm behavior of purchase motive: do consumers really care about business ethics? [J]. Journal of Consumer Marketing, 1997 (14): 421 – 432.

[107] CREYER E H, ROSS W T. The impact of corporate behavior on perceived product value [J]. Marketing Letters, 1996, 7 (2): 173 – 185.

[108] DAHLEN M, LANGE F. A disaster is contagious: how a brand in crisis affects other brand? [J]. Journal of Advertising Research, 2006, 46 (12): 388-396.

[109] DAS T K, TENG B S. Between trust and control: developing confidence in partner cooperation in alliances [J]. Academy of Management Review, 1998, 23 (3): 491-512.

[110] DAVID P, KLINE S, DAI Y. Corporate social responsibility practices, corporate identity, and purchase intention: a dual-process model [J]. Journal of Public Relations Research, 2005, 17 (3): 291-313.

[111] DAVIS K. Can business afford to ignore its social responsibilities? [J]. California Management Review, 1960 (2): 70-76.

[112] DAWAR N. Product-harm crises and the signaling ability of brands [J]. International Studies of Marketing & Organizations, 1998, 28 (3): 109-119.

[113] DAWAR N, PILLUTLA M M. Impact of product-harm crises on brand equity: the moderating role of consumer expectations [J]. Journal of Marketing Research, 2000, 37 (5): 215-226.

[114] DAWKINS J. Corporate responsibility: the communication challenge [J]. Journal of Communication Management, 2004 (9): 108-119.

[115] DE BAKKER F G A, GROENEWEGEN P, DEN HOND F. A bibliometric analysis of 30 years of research and theory on corporate social responsibility and corporate social performance [J]. Business and Society, 2005, 44 (3): 283-317.

[116] DEAN D H. Consumer reaction to negative publicity: effects of corporate reputation, response, and responsibility for a crisis event [J]. Journal of Business Communication, 2004, 41 (2): 192-211.

[117] DEVINNEY T M, AUGER P, ECKHARDT G, et al. The other CSR: consumer social responsibility [J]. Standford Social Innovation Review, 2006, 4 (3): 30-35.

[118] DODD E M. For whom are corporate managers trustees? [J]. Harvard Law

Review, 1932, 45 (7): 1145 - 1163.

[119] DONALDSON T, DUNFEE T W. Toward a unified conception of business ethics: integrative social contracts theory [J] . Academy of Management Review, 1994, 19 (2): 252 - 284.

[120] DONALDSON T, PRESTON L E. The stakeholder theory of the corporation: concepts, evidence, and implications [J] . Academy of Management Review, 1995 (20): 65 - 91.

[121] DONEY P M, CANNON J P. An examination of the nature of trust in buyer-seller relationship [J] . Journal of Marketing, 1997, 61 (2): 35 - 51.

[122] DOWLING G R, STAELIN R. A model of perceived risk and intended risk-handling activity [J] . Journal of Consumer Research, 1994, 21 (6): 119 - 134.

[123] DRUCKER P F. The new meaning of corporate social responsibility [J]. California Management Review, 1984, 26 (2): 53 - 63.

[124] DRUMWRIGHT M E. Company advertising with a social dimension: the role of noneconomic criteria [J] . Journal of Marketing, 1996 (60): 71 - 87.

[125] DRUMWRIGHT M E. Socially responsible organizational buying: environmental concern as a noneconomic buying criterion [J] . Journal of Marketing, 1994 (58): 1 - 19.

[126] DU S, BHATTACHARYA C B, SEN S. Reaping relational rewards from corporate social responsibility: the role of competitive positioning [J]. International Journal of Research in Marketing, 2007, 24 (3): 224 - 241.

[127] DUTTON J E, DUKERICH J M. Keeping an eye on the mirror: the role of image and identity in organizational adaptation [J] . Academy of Management Journal, 1991, 34 (3): 517 - 554.

[128] EINWILLER S, FEDORIKHIN A, JOHNSON A R, et al. Enough is enough! When identification no longer prevents negative corporate associations [J] . Academy of Marketing Science Journal, 2006, 34 (2): 185 - 193.

[129] ELLEN P S, MOHR L A, WEBB D J. Charitable programs and the retailer:

do they mix? [J] . Journal of Retailing, 2000 (76): 393 -406.

[130] ELLEN P S, WEBB D J, MOHR L A. Building corporate associations: consumer attributions for corporate socially responsible programs [J]. Journal of the Academy of Marketing Science, 2006, 34 (2): 147 -157.

[131] EPSTEIN M J, SCHNIETZ K E. Measuring the cost of environmental and labor protests to globalization: an event study of the failed 1999 Seattle WTO talks [J] . International Trade Journal, 2002 (16): 129 -160.

[132] ESCALAS J E, BETTMAN J R. Self-construal, reference groups, and brand meaning [J] . Journal of Consumer Research, 2005, 32 (3): 378 -391.

[133] ESROCK S L, LEICHTY G B. Social responsibility and corporate web pages: self-presentation or agenda-setting? [J] . Public Relations Review, 1998 (24): 305 -319.

[134] FISKE S T. Attention and weight in person perception: the impact of negative and extreme behavior [J] . Journal of Personality and Social Psychology, 1980, 38 (6): 889 -906.

[135] FOLKES V S. Consumer reactions to product failure: an attributional approach [J] . Journal of Consumer Research, 1984 (10): 398 -409.

[136] FOLKES V S, KAMINS M A. Effects of information about firms' ethical and unethical actions on consumers' attitudes [J] . Journal of Consumer Psychology, 1999, 8 (3): 243 -259.

[137] FOMBRUN C, SHANLEY M. What's in a name? Reputation building and corporate strategy [J] . Academy of Management Journal, 1990 (33): 233 -258.

[138] FOMBRUN C J, GARDBERG N A, SEVER J M. The reputation quotient: a multi-stakeholder measure of corporate reputation [J] . Journal of Brand Management, 2000, 7 (4): 241 -255.

[139] FOREHAND M R, GRIER S. When honesty is the best policy? The effect of stated company intent on consumer skepticism [J] . Journal of Consumer Psychology, 2003 (13): 349 -356.

[140] FOURNIER S. Consumers and their brands: developing relationship theory in

consumer research [J] . Journal of Consumer Research, 1998, 24 (4): 343 –373.

[141] GANESAN S. Determinants of long-term orientation in buyer-seller relationship [J] . Journal of Marketing, 1994, 58 (2): 1 –19.

[142] GARBARINO E, JOHNSON M. The different roles of satisfaction, trust, and commitment in customer relationships [J] . Journal of Marketing, 1999 (63): 70 –87.

[143] GARRETT D E. The effectiveness of marketing policy boycotts: environmental opposition to marketing [J] . Journal of Marketing, 1987 (51): 46 –57.

[144] GARRIGA E, MELE D. Corporate social responsibility theories: mapping the territory [J] . Journal of Business Ethics, 2004 (53): 51 –71.

[145] GATIGNON H, XUEREB J. Strategic orientation of the firm and new product performance [J] . Journal of Marketing Research, 1997 (34): 77 –90.

[146] GREYSER S A. Corporate reputation: aid to growth and shield [J]. Reputation Management, 1995 (1 –2): 73 –74.

[147] GRIFFIN J J, MAHON J F. The corporate social performance and corporate financial performance debate – twenty-five years of incomparable research [J] . Business & Society, 1997, 36 (1): 5 –31.

[148] GRUNIG J. A new measure of public opinion on corporate social responsibility [J] . Academy of Management Journal, 1979, 22 (4): 738 –764.

[149] GUNDLACH G T, WILKIE W L. Stakeholder marketing: why "stakeholder" was omitted from the American Marketing Association's official 2007 definition of marketing and why the future is bright for stakeholder marketing [J] . Journal of Public Policy & Marketing, 2010, 29 (1): 89 –92.

[150] GURHAN-CANLI Z, BATRA R. When corporate image affects product evaluations: the moderating role of perceived risk [J] . Journal of Marketing Research, 2004 (41): 197 –205.

[151] GWINNER K P, GREMLER D D, BITNER M J. Relationship benefits in services industries: the customer's perspective [J] . Journal of the Acade-

my of Marketing Science, 1998, 26 (2): 101 – 114.

[152] HANDELMAN J M, ARNOLD S J. The role of marketing actions with a social dimension: appeals to the institutional environment [J]. Journal of Marketing, 1999 (63): 33 – 48.

[153] HENRIQUES I, SADORSKY P. The relationship between environmental commitment and managerial perceptions of stakeholder importance [J]. Academy of Management Journal, 1999, 42 (1): 89 – 99.

[154] HOEFFLER S, KELLER K L. Building brand equity through corporate societal marketing [J]. Journal of Public Policy and Marketing, 2002, 21 (1): 78 – 89.

[155] JONES T M. Instrumental stakeholder theory: a synthesis of ethics and economics [J]. Academy of Management Review, 1995 (20): 404 – 437.

[156] JORGENSEN B K. Consumer reaction to company-related disasters: the effect of multiple versus single explanations [J]. Advances in Consumer Research, 1994 (21): 348 – 352.

[157] KATHLEEN C, MARNKI G D, HELSEN K. Weathering product-harm crises [J]. Journal of the Academy of Marketing Science, 2008, 36 (2): 262 – 270.

[158] KEAVENEY S M. Customer switching behavior in service industries: an exploratory study [J]. Journal of Marketing, 1995 (59): 71 – 82.

[159] KELLER K L. Conceptualizing, measuring, and managing customer-based brand equity [J]. Journal of Marketing, 1993, 57 (1): 1 – 22.

[160] KLEIN J, DAWAR N. Corporate social responsibility and consumers' attributions and brand evaluations in a product-harm crisis [J]. International Journal of Research in Marketing, 2004, 21 (3): 203 – 217.

[161] KOTLER P, LEVY S. Broadening the concept of marketing [J]. Journal of Marketing, 1969 (33): 10 – 15.

[162] LACEY R, KENNETT – HENSEL P A. Longitudinal effects of corporate social responsibility on customer relationships [J]. Journal of Business Eth-

ics, 2010.

[163] LAFFERTY B A, GOLDSMITH R E. Corporate credibility's role in consumers' attitudes and purchase intentions when a high versus a low credibility endorser in used in the ad [J]. Journal of Business Research, 1999, 44 (2): 109-116.

[164] LAI C, CHIU C, YANG C, et al. The effects of corporate social responsibility on brand performance: the mediating effect of industrial brand equity and corporate reputation [J]. Journal of Business Ethics, 2010 (95): 457-469.

[165] LAUFER D, SILVERA D H, MAYER T. Exploring differences between older and younger consumers in attributions of blame for product harm crisis [J]. Academy of Marketing Science Review, 2005 (7): 1-13.

[166] LAZER W. Marketing's changing social relationships [J]. Journal of Marketing, 1969, 33 (1): 3-9.

[167] LEI J, DAWAR N, LEMMINK J. Negative spillover in brand portfolios: exploring the antecedents of asymmetric effects [J]. Journal of Marketing, 2008, 72 (5): 111-123.

[168] LEIGH J H, MURPHY P E, ENIS B M. A new approach to measuring socially responsible consumption tendencies [J]. Journal of Macromarketing, 1988 (8): 5-20.

[169] LEVITT T. The dangers of social responsibility [J]. Harvard Business Review, 1958 (36): 41-50.

[170] LICHTENSTEIN D R, DRUMWRIGHT M E, BRAIG B M. The effect of corporate social responsibility on customer donations to corporate-supported nonprofits [J]. Journal of Marketing, 2004 (68): 16-32.

[171] LUO X, BHATTACHARYA C B. Corporate social responsibility, customer satisfaction, and market value [J]. Journal of Marketing, 2006 (70): 1-18.

[172] MAEL F, ASHFORTH B E. Alumni and their alma mater: a partial test of the reformulated model of organizational identification [J]. Journal of Or-

ganizational Behavior, 1992, 13 (2): 103 -123.

[173] MAIGNAN I, FERRELL O C. Corporate citizenship as a marketing instrument: concepts, evidence, and research directions [J] . European Journal of Marketing, 2001, 35 (3/4): 457 -484.

[174] MAIGNAN I, FERRELL O C. Corporate social responsibility and marketing: an integrative framework [J] . Journal of the Academy of Marketing Science, 2004, 32 (1): 3 -19.

[175] MANNE H. G. The "higher criticism" of the modern corporation [J]. Columbia Law Review, 1962, 62 (3): 399 -432.

[176] MARCUS A A, GOODMAN R S. Victims and shareholders: the dilemmas of presenting corporate policy during a crisis [J] . Academy of Management Journal, 1991, 34 (6): 281 -305.

[177] MARGOLIS J D, WALSH J P. Misery loves companies: rethinking social initiatives by business [J] . Administrative Science Quarterly, 2003 (48): 268 -305.

[178] MARIN L, RUIZ S. "I need you too!" corporate identity attractiveness for consumers and the role of social responsibility [J] . Journal of Business Ethics, 2007 (71): 245 -260.

[179] MAYER R C, DAVIS J H, SCHOORMAN F D. An integration model of organizational trust [J] . Academy of Management Review, 1995, 20 (3): 709 -734.

[180] MCCRACKEN G. Culture and consumption: a theoretical account of the structure and movement of the cultural meaning of consumer good [J]. Journal of Consumer Research, 1986 (13): 71 -84.

[181] MCGILL A L. Predicting consumers' reactions to product failure: do responsibility judgements follow from consumers' causal explanations? [J]. Marketing Letters, 1990, 2 (1): 59 -70.

[182] MCWILLIAMS A, SIEGEL D. Corporate social responsibility and financial performance: correlation or misspecification? [J] . Strategic Management

Journal, 2000 (21): 603 - 609.

[183] MCWILLIAMS A, SIEGEL D. Corporate social responsibility: a theory of the firm perspective [J] . Academy of Management Review, 2001 (26): 117 - 127.

[184] MEIJER M, SCHUYT T. Corporate social performance as a bottom line for consumers [J] . Business & Society, 2005, 44 (4): 442 - 461.

[185] MELE D, DEBELJUH P, ARRUDA M C. Corporate ethical policies in large corporations in Argentina, Brazil and Spain [J] . Journal of Business Ethics, 2006, 63 (1): 21 - 38.

[186] MENON S, KAHN B E. Corporate sponsorships of philanthropic activities: when do they impact perception of sponsor brand? [J] . Journal of Consumer Psychology, 2003, 13 (3): 316 - 327.

[187] MITCHELL R K, AGLE B R, WOOD D J. Toward a theory of stakeholder identification and salience: defining the principle of who and what really counts [J] . Academy of Management Review, 1997 (22): 853 - 886.

[188] MOHR L A, EROGLU D, ELLEN S P. The development and testing of a measure of skepticism toward environment claims in the marketers' communications [J] . Journal of Consumers Affairs, 1998, 32 (1): 30 - 55.

[189] MOHR L A, WEBB D J. The effects of corporate social responsibility and price on consumer responses [J] . Journal of Consumer Affairs, 2005, 39 (1): 121 - 147.

[190] MOHR L A, WEBB D J, HARRIS K E. Do consumers expect companies to be socially responsible? The impact of corporate social responsibility on buying behavior [J] . Journal of Consumer Affairs, 2001, 35 (1): 45 - 72.

[191] MONGA A B, JOHN D R. When does negative brand publicity hurt? The moderating influence of analytic versus holistic thinking [J] . Journal of Consumer Psychology, 2008, 18 (4): 320 - 332.

[192] MORGAN R M, HUNT S D. The commitment-trust theory of relationship marketing [J] . Journal of Marketing, 1994, 58 (3): 20 - 38.

[193] MULLEN J. Performance-based corporate philanthropy: how "giving smart" can further corporate goals [J]. Public Relations Quarterly, 1997, 42 (2): 42-48.

[194] MURRY K B, VOGEL C M. Using a hierarchy of effects approach to gauge the effectiveness of CSR to general goodwill towards the firm: financial versus nonfinancial impacts [J]. Journal of Business Research, 1997 (38): 141-159.

[195] NAN X, HEO K. Consumer responses to corporate social responsibility (CSR) initiatives - examing the role of brand-cause fit in cause-related marketing [J]. Journal of Advertising, 2007, 36 (2): 63-74.

[196] NELSON K A. Consumer decision making and image theory: understanding value-laden decisions [J]. Journal of Consumer Psychology, 2004 (13): 316-327.

[197] ORLITZKY M, SCHMIDT F L, RYNES S L. Corporate social and financial performance: a meta-analysis [J]. Organization Studies, 2003 (24): 403-441.

[198] OSTERHUS T L. Pro-social consumer influence strategies: when and how do they work? [J]. Journal of Marketing, 1997 (61): 16-29.

[199] PAUL K, ZALKA L M, DOWNES M, et al. U. S. consumer sensitivity to corporate social performance [J]. Business & Society, 1997, 36 (4): 408-418.

[200] PELOZA J. Using corporate social responsibility as insurance for financial performance [J]. California Management Review, 2006 (48): 52-69.

[201] PELOZA J, SHANG J. How can corporate social responsibility activities create value for stakeholders? A systematic review [J]. Journal of the Academy of Marketing Science, 2011 (39): 117-135.

[202] PHAM M T, MUTHUKRISHNAN A V. Search and alignment in judgment revision: implications for brand positioning [J]. Journal of Marketing Research, 2002, 39 (2): 18-30.

[203] PIVATO S, MISANI N, TENCATI A. The impact of corporate social re-

sponsibility on consumer trust: the case of organic food [J]. Business ethics: A European Review, 2008, 17 (1): 3-10.

[204] PORTER M E. Towards a dynamic theory of strategy [J]. Strategic Management Journal, 1991 (12): 95-118.

[205] PORTER M E, KRAMER M R. Strategy & society: the link between competitive advantage and corporate social responsibility [J]. Harvard Business Review, 2006 (84): 78-92.

[206] PRIESTER J R, PETTY R E. The influence of spokesperson trustworthiness on message elaboration, attitude strength, and advertising effectiveness [J]. Journal of Consumer Psychology, 2003 (13): 408-421.

[207] PULLIG C, NETEMEYER R G, BISWAS A. Attitude basis, certainty, and challenge alignment: a case of negative brand publicity [J]. Journal of the Academy of Marketing Science, 2006, 34 (4): 528-542.

[208] ROBERTS J A. Profiling levels of socially responsible consumer behavior: a cluster analytic approach and its implications for marketing [J]. Journal of Marketing Theory and Practice, 1995, 3 (4): 97-117.

[209] ROBIN D P, REIDENBACH R E. Social responsibility, ethics, and marketing strategy: closing the gap between concept and application [J]. Journal of Marketing, 1987 (51): 44-58.

[210] ROEHM M L, TYBOUT A M. When will a brand scandal spillover, and how should competitors respond? [J]. Journal of Marketing Research, 2006, 53 (8): 366-373.

[211] ROSS J K, STUTTS M A, PATTERSON L. Tactical considerations for the effective use of cause-related marketing [J]. Journal of Applied Business Research, 1990, 7 (2): 58-65.

[212] ROUSSEAU D M, SITKIN S B, BURT R S, et al. Not so different after all: a cross-discipline view of trust [J]. Academy of Management Review, 1998 (23): 393-404.

[213] ROWLEY T, BERMAN S. A brand new brand of corporate social perform-

ance [J] . Business & Society, 2000 (39): 397 - 418.

[214] RUF B M, MURALIDHAR K, BROWN R M, et al. An empirical investigation of the relationship between change in corporate social performance and financial performance: a stakeholder theory perspective [J] . Journal of Business Ethics, 2001 (32): 143 - 156.

[215] RUSSO M V, FOUTS P A. A resource-based perspective on corporate environmental performance and profitability [J] . Academy of Management Journal, 1997 (40): 534 - 559.

[216] SALMONES M M G, CRESPO A H, BOSQUE I R. Influence of corporate social responsibility on loyalty and valuation of services [J] . Journal of Business Ethics, 2005 (61): 369 - 385.

[217] SCHNIETZ K E, EPSTEIN M J. Exploring the financial value of a reputation for corporate social responsibility during a crisis [J] . Corporation Reputation Review, 2005, 7 (4): 327 - 345.

[218] SCHULER D A, CORDING M. A corporate social performance-corporate financial performance behavioral model for consumers [J] . Academy of Management Review, 2006, 31 (3): 540 - 558.

[219] SCOTT S G, LANE V R. A stakeholder approach to organizational identity [J] . Academy of Management Review, 2000, 25 (1): 43 - 62.

[220] SEN S, BHATTACHARYA C B. Does doing good always lead to doing better? Consumer reactions to corporate social responsibility [J] . Journal of Marketing Research, 2001 (38): 225 - 243.

[221] SEN S, BHATTACHARYA C B, KORSCHUN D. The role of corporate social responsibility in strengthening multiple stakeholder relationships: a field experiment [J] . Journal of the Academy of Marketing Science, 2006, 34 (2): 158 - 166.

[222] SEN S, GURHAN-CANLI Z, MORWITZ V. Withholding consumption: a social dilemma perspective on consumer boycotts [J] . Journal of Consumer Research, 2001 (28): 399 - 417.

[223] SHRIVASTAVA P. Crisis theory practice: towards a sustainable future [J]. Industrial and Environmental Crisis Quarterly, 1993 (7): 23 - 42.

[224] SHRIVASTAVA P, MITROFF I I. Strategic management of corporate crises [J]. Columbia Journal of World Business, 1987, 22 (Spring): 5 - 12.

[225] SIMMONS C J, BECHER-OLSEN K L. Achieving marketing objectives through social sponsorships [J]. Journal of marketing, 2006 (70): 154 - 169.

[226] SIOMKOS G J, KURZBARD G. The hidden crisis in product-harm crisis management [J]. European Journal of Marketing, 1994, 28 (2): 30 - 41.

[227] SKOWRONSKI J J, CARLSTON D E. Negativity and extremity in impression formation: a review of explanations [J]. Psychological Bulletin, 1989, 105 (1): 131 - 142.

[228] SMITH R. Social Responsibility: a term we can do without [J]. Business and Society Review/Innovation, 1988 (9): 51 - 55.

[229] SMITH S M, ALCORN D S. Cause marketing: a new direction in the marketing of corporate social responsibility [J]. Journal of Consumer Marketing, 1991 (8): 19 - 35.

[230] SPRENG R A, MACKOY R D. An empirical examination of a model of perceived service quality and satisfaction [J]. Journal of Retailing, 1996, 72 (2): 201 - 214.

[231] STRAHILEVITZ M. The effects of prior impressions of a firm's ethics on the success of a cause-related marketing campaign: do the good look better while the bad look worse? [J]. Journal of Nonprofit and Public Sector Marketing, 2003 (11): 77 - 92.

[232] STRAHILEVITZ M, MYERS J G. Donations to charity as purchase incentives: how well they work may depend on what you are trying to sell [J]. Journal of Consumer Research, 1998 (24): 434 - 446.

[233] STROUP M A, NEUBERT R L. The evolution of social responsibility [J]. Business Horizons, 1987, 30 (3 ~ 4): 22 - 24.

[234] SWAN J E, BOWERS M R, RICHARDSON L D. Customer trust in the

salesperson: an integrative review and meta-analysis of the empirical literature [J]. Journal of Business Research, 1999 (44): 93-107.

[235] SWANSON D L. Addressing a theoretical problem by reorienting the corporate social performance model [J]. Academy of Management Review, 1995, 20 (1): 43-64.

[236] SZYKMAN L R, BLOOM P N, BLAZING J. Does corporate sponsorship of a socially-oriented message make a difference? An investigation of the effects of sponsorship identity on responses to an anti-drinking and driving message [J]. Journal of Consumer Psychology, 2004 (14): 13-20.

[237] TORMALA Z L, PETTY R E. Source credibility and attitude certainty: a metacognitive analysis of resistance to persuasion [J]. Journal of Consumer Psychology, 2004 (14): 427-442.

[238] TURBAN D B, GREENING D W. Corporate social performance and organizational attractiveness to prospective employees [J]. Academy of Management Journal, 1996 (40): 658-672.

[239] ULMER R R, SELLNOW T L. Consistent questions of ambiguity in organizational crisis communication: Jack in the Box as a case study [J]. Journal of Business Ethics, 2000 (25): 143-155.

[240] VANCE S C. Are socially responsible corporations good investment risks? [J]. Management Review, 1975 (64): 18-24.

[241] VARADARAJAN P R, MENON A. Cause-related marketing: a coalignment of marketing strategy and corporate philanthropy [J]. Journal of Marketing, 1988 (52): 58-74.

[242] VLACHOS P A, TSAMAKOS A, VRECHOPOULOS A P, et al. Corporate social responsibility: attributions, loyalty, and the mediating role of trust [J]. Journal of the Academy of Marketing Science, 2009 (37): 170-180.

[243] WADDOCK S, SMITH N. Corporate social responsibility audits: doing well by doing good [J]. Sloan Management Review, 2000, 41 (2): 75-83.

[244] WADDOCK S A, GRAVES S. The corporate social performance-financial per-

formance link [J] . Strategic Management Journal, 1997 (18): 303 - 319.

[245] WARTICK W L, COCHRAN P. The evolution of the corporate social performance model [J] . Academy of Management Review, 1985 (10): 758 - 769.

[246] WEBB D J, MOHR L A. A typology of consumer responses to cause-related marketing: from skeptics to socially concerned [J] . Journal of Public Policy & Marketing, 1998 (17): 226 - 238.

[247] WEBSTER F E. Determining the characteristics of the socially conscious consumer [J] . Journal of Consumer Research, 1975 (2): 188 - 196.

[248] WEINER B. A cognitive (attribution) -emotion-action model of motivated behavior: an analysis of judgments of help-giving [J] . Journal of Personality and Social Psychology, 1980 (39): 186 - 200.

[249] WOOD D J. Corporate social performance revisited [J] . Academy of Management Review, 1991, 16 (4): 691 - 718.

[250] WOOD D J, JONES R E. Stakeholder mismatching: a theoretical problem in empirical research on corporate social performance [J] . International Journal of Organizational Analysis , 1995 (3): 229 - 267.

[251] WRIGHT P, FERRIS S. Agency conflict and corporate strategy: the effect of divestment on corporate value [J] . Strategic Management Journal, 1997 (18): 77 - 83.

[252] YOON Y, GURHAN - CANLI Z, SCHWARZ N. The effect of corporate social responsibility (CSR) activities on companies with bad reputations [J]. Journal of Consumer Psychology, 2006, 16 (4): 377 - 390.

[253] ZEITHAML C P, ZEITHAML V A. Environmental management: revising the marketing perspective [J] . Journal of Marketing, 1984 (48): 46 - 53.

附　录

附录 A

企业危机事件举例

时间	危机名称	所属行业	危机概述
2003 年	雀巢婴幼儿奶粉转基因事件	食品	雀巢的奶制品和婴儿食品大都含有不明基因原料，也就是说，雀巢在中国销售的食品有可能是转基因食品。雀巢公司对此的解释是：我国规定转基因食品贴标签针对的是进口农产品，而雀巢食品都是加工好的“终端食品”，并不在此列
2004 年 11 月	伊利酸奶提前标注日期	乳业	北京市质量技术监督局发布的《乳粉、液体乳制品、含乳饮料产品质量监督抽查结果公告》称，在检查中，质检人员发现伊利牌袋装酸奶提前两天标注生产日期。伊利公司的说法是：提前打日期是依据“行规”，酸奶下流水线后要进行发酵和冷链程序，这个过程就是两天
2005 年 3 月	“苏丹红一号”事件	食品	苏丹红主要用于工业，不可用于食品，如果食用可造成肝脏细胞突变，有致癌的危险。2005 年 3 月 4 日，亨氏辣椒酱在北京首次被检出含有“苏丹红一号”。不到一个月，在包括肯德基在内的多家餐饮、食品公司的产品中相继被检测出含有“苏丹红一号”

续　表

时间	危机名称	所属行业	危机概述
2005 年 6 月	光明“回奶”事件	乳业	2005 年 6 月 6 日，媒体曝出光明郑州子公司——光明山盟公司利用变质过期的“回奶”重新加工成品，引起消费者的强烈反应。6 月 7 日，光明董事长王佳芬断然否认回收变质奶，但承认有回产行为。最终，生产线停业整顿，责任人被免职
2005 年 9 月	星巴克月饼事件	食品	国家质检总局对月饼进行抽查，检查出天津星巴克月饼细菌超标。在星巴克的最新声明中，其承认天津国际大厦咖啡店在月饼随机抽样检查中月饼菌落总数“微量”超标
2006 年 10 月	绿盛牛肉干回炉事件	食品	绿盛集团将超市撤柜的牛肉干回炉加工重新出售，成了永不过期的产品。绿盛已将“海鲜牛肉丁”暂时撤柜，等国家质检总局结论明确后再做处理
2008 年 3 月	三鹿奶粉三聚氰胺事件	食品	三鹿承认 7000 吨奶粉受到污染，并辩称是奶农加入了三聚氰胺。2008 年 9 月，三聚氰胺引发乳制品行业骨牌效应。三鹿奶粉相关负责人向社会道歉，并受到了法律的制裁，三鹿企业倒闭
2009 年 2 月	蒙牛造骨牛奶蛋白风波	乳业	国家质检总局指出蒙牛特仑苏牛奶违法添加了安全性尚不明确的造骨牛奶蛋白（OMP），并责令停止添加，事件曝光后，蒙牛坚持“速度第一”原则，坚称造骨牛奶蛋白安全性得到了食品药品监督管理局等国际权威机构的认可
2009 年 4 月	王老吉夏枯草风波	饮料	部分消费者投诉王老吉没有就《中华人民共和国食品卫生法》中尚未允许添加的夏枯草成分注明“不适宜人群”，卫生部做出回应称王老吉所含部分中药成分确实不在允许使用范围内，王老吉陷入被动，后卫生部发布声明称王老吉饮料中所加中药成分已得到国家卫生部批准，事件渐渐平息

续 表

时间	危机名称	所属行业	危机概述
2009 年 11 月	中国移动涉黄事件	通信	2009 年 11 月中旬，央视《焦点访谈》栏目对“手机色情”话题两次关注报道，深藏于手机网络背后的“黄毒”利益链条被挖出，作为这一链条中的渠道支持方，中国移动受到了媒体及用户的指责
2009 年 11 月	统一、农夫山泉“砒霜门”	饮料	2009 年 11 月 24 日，海口市工商局发布商品消费警示，称农夫山泉、统一等品牌的多种饮料、食品中砷或二氧化硫超标，不能食用。11 月 26 日，统一公司回应称涉案产品异地检验合格。11 月 30 日，农夫山泉召开新闻发布会，认为海口工商局的消费警示是一个极端错误。后经权威部门复检，两家企业相关产品全部合格，还原真相，但两家企业还是蒙受损失
2009 年 11 月	SOHO 中国“诚信门”	房地产	2009 年 11 月，媒体报道称 SOHO 中国旗下建外 SOHO 项目，因拖欠电、水等多项费用，出现停暖、停水现象。受此影响，接下来的新楼盘嘉盛中心刚开盘就遇尴尬，自称被骗的 20 余名业主，打着横幅到售楼处，劝人不要买 SOHO 旗下的房子
2010 年 1 月	雪碧汞中毒	饮料	2009 年 1 月 7 日，北京一消费者在西单大悦城某餐厅喝了一罐雪碧后，口中吐出大量汞珠，后被医院确诊为汞中毒。其后，2010 年 1 月 17 日，中学生王某饮用一罐听装雪碧后汞中毒，通过透视，医生发现其胃内出现一道长约 6cm，宽度在 3～4mm 至 1cm 不等的不规则管条状伤痕，雪碧深陷中毒风波。2 月 1 日，可口可乐公司发表声明称汞中毒绝不可能来自生产环节，此个别事件是在产品出厂进入流通环节时人为恶意添加所致。后虽经查系人为投毒，但品牌形象受损，市场份额大跌

续 表

时间	危机名称	所属行业	危机概述
2010 年 1 月	富士康“跳楼门”	制造业	2010 年 1 月，富士康发生第一起跳楼事件，截至 2010 年 5 月共有 13 名员工跳楼自杀，富士康被称为“血汗工厂”，形象受损，总裁郭台铭首度公开鞠躬道歉。郭台铭鞠躬道歉的形象被境内外媒体广泛报道，富士康的连续自杀现象让苹果、惠普等全球知名信息技术企业发表声明表示高度关注，富士康员工跳楼事件已经成为境内外舆论广泛关注和探讨的话题
2010 年 1 月、4 月	谷歌涉黄事件	互联网	2009 年 1 月和 4 月，搜索引擎巨头“谷歌中国”网站因存在淫秽、低俗链接，两次被互联网举报中心公开曝光。6 月 18 日，央视《焦点访谈》栏目再次曝光谷歌网站存在淫秽低俗信息，互联网举报中心要求谷歌对不良内容进行彻底清理
2010 年 3 月	惠普“蟑螂门”	电子产品	2010 年“3・15”晚会对两款惠普笔记本电脑的大规模质量问题进行了报道，惠普公司客户体验管理专员将惠普电脑质量问题归咎于中国学生宿舍中的蟑螂，引发消费者不满，品牌名誉受损。3 月 16 日凌晨，惠普在其中文官网公开道歉，但未对消费者的召回要求给予回应
2010 年 4 月	郁美净产品过期	化工	2010 年 4 月初，郁美净被其武汉商贸公司内部员工曝出其将过期产品更换包装后再次上架，事件披露后武汉郁美净负责人向消费者道歉，天津郁美净集团解释此事件为武汉个案，天津集团虽及时道歉但仍伤害了支持国产品牌消费者的心

续表

时间	危机名称	所属行业	危机概述
2010 年 4 月	深圳空姐自杀	航空	深圳航空空姐于丹丹在深圳机场旁的酒店上吊自杀，随后，其因遭遇潜规则被逼自杀的新闻引发轩然大波。深航发表声明称经公安部门认定于丹丹自杀系个人行为，相关人陈伟忠系下属企业聘用员工，已于 1 月离职，其个人行为与深航无关，公司给予受害者家属人道援助。此声明一出，在网络上引发广大网民强烈的抨击
2010 年 4 月	肯德基“秒杀门”	快餐业	肯德基中国公司推出的“超值星期二”秒杀活动——64 元的外带全家桶只要 32 元，在全国引爆热潮，但消费者从网上辛苦秒杀回来的优惠券被肯德基单方面宣布无效，消费者感觉被骗，网上出现大规模谴责言论。迫于压力，肯德基声明由于部分优惠券是假的，所以取消优惠兑现，并道歉。其“假券”一词欠妥，消费者更加不满，肯德基再次道歉
2010 年 5 月	美的紫砂煲黑幕	家电	2010 年 5 月 23 日，央视《每周质量报告》披露“美的紫砂煲”根本不是真正紫砂，实为普通陶土添加化工原料加工而成。23 日下午，美的公司向消费者和媒体道歉，承诺立即纠正不实宣传，产品停产整顿，停止销售，接受退货，但第二天又提出退货要收折旧费，也没有具体退换货细则。第三天，美的生活电器总裁承诺无条件退货，无发票也能退货。第四天，却表示无发票不能退货。美的又陷“改口门”，声誉大跌
2010 年 5 月	富力海南储地	房地产	2010 年 5 月 28 日央视《经济信息联播》播出了十余个大型房地产开发集团瓜分海南优质海岸线，海南独一无二的自然资源遭贱卖和破坏的新闻。报道播出后，全国大部分平面媒体及各大网站疯狂转载，报道中着重提及的房地产开发集团落在富力身上，“富力海南储地”“富力海南囤地”的报道遍布报端及新闻标题中，富力集团陷入舆论的旋涡之中

续 表

时间	危机名称	所属行业	危机概述
2010 年 6 月	麦当劳毒玻璃杯事件	快餐业	2010 年 6 月 4 日美国消费品安全委员会宣布，美国麦当劳餐厅推出的怪物史莱克系列玻璃杯涂料涂层对人体有害，尽管后来被证实无毒，但麦当劳依然要求顾客停止使用这些玻璃杯，并且可在任意一家在美的麦当劳餐厅退回这些玻璃杯
2010 年 7 月	紫金矿业环境污染	矿业	2010 年 7 月 3 日，紫金山铜矿湿法厂岗位人员发现污水池的污水水位异常下降，且有废水自废水池下方的排洪涵洞流入汀江。初步统计，本次废水渗漏量为 9100 立方米。经检测，渗漏废水主要为含铜酸性废水，没有剧毒物质。福建省已成立调查组赴受污染地区开展工作，有关部门开始加强水质监测，采取措施做好善后工作
2010 年 8 月	圣元奶粉性早熟事件	食品	武汉三名女婴疑似因食用圣元奶粉出现性早熟，乳房开始发育，雌激素水平竟已达到成年女性的水平。在此事件曝光后，江西、山东、广东也曝出 3 起类似病例，8 月 7 日，圣元在媒体上公开否认，8 月 12 日，卫生部介入此案，并于 15 日得出“湖北婴幼儿性早熟与圣元奶粉无关”的结论
2010 年 10 月	丰田汽车“召回门”	汽车	2010 年 10 月 21 日，丰田公司在全球宣布大规模召回车辆，数量达 153 万辆，总裁全球“巡回道歉”。召回车型包括皇冠、锐志、汉兰达、雷克萨斯以及阿瓦隆等车型，涉及各地车辆数：美国 74 万辆、日本 60 万辆、欧洲 5 万辆、中国 6 万辆、澳大利亚 3 万辆以及其他亚洲国家 5 万辆

续表

时间	危机名称	所属行业	危机概述
2011 年 1 月	家乐福价格欺诈	零售	2011 年 1 月中旬，经济之声《天天 315》节目报道家乐福价格标签与结账时实收金额不符，标签标低价，结账时却收高价。1 月 25 日，国家发改委通报了一些城市部分家乐福店确实存在价格欺诈行为的消息，并随后被多家媒体转载发布，引起巨大社会反响
2011 年 3 月	双汇“瘦肉精”事件	食品	2011 年央视“3·15”特别节目播出了题为“健美猪的真相”的报道，称河南孟州等地在猪饲料中添加违规药物“瘦肉精”，这些有毒猪又流入双汇集团下属企业济源双汇。报道播出后，济源双汇公司停产整顿，双汇集团声誉大跌，产品销量直线下滑
2011 年 3 月	国美骗取国家补贴	家电零售	2011 年央视“3·15”晚会曝光了国美电器部分门店存在员工套取消费者赠品及返赠现金卡现象，并且一些员工还利用国家家电以旧换新政策盗用消费者身份信息，骗取国家补贴资金
2011 年 6 月	郭美美微博炫富	红十字会	2011 年 6 月 21 日名为“郭美美 Baby”的新浪微博用户自曝住豪宅、开玛莎拉蒂，其身份认证显示为“中国红十字会商业总经理”，引发网民热烈议论，并对红十字会这一组织的慈善性质产生质疑。其后，各地红十字会接受捐款金额直线下降，红十字会遭遇信任危机
2012 年 3 月	麦当劳出售过期食品	餐饮	2012 年央视“3·15”晚会披露，麦当劳北京三里屯店将过期的食品出售给消费者，把原本过期的食品重复计时，原本保存时间为 30 分钟的盐焗鸡翅超过保存时间近 3 倍

续 表

时间	危机名称	所属行业	危机概述
2012 年 3 月	家乐福调包事件	零售	2012 年央视“3 · 15”晚会披露，位于郑州市的一家家乐福店存在欺骗消费者行为，用“白条鸡”冒充零售价格更高的鲜柴鸡，价格翻了一倍
2012 年 3 月	中国电信发送垃圾短信	通信	2012 年央视“3 · 15”晚会披露，广州电信、上海电信、随州电信等多家电信分公司利用发送垃圾短信业务来获取利润
2012 年 3 月	药用胶囊铬超标	医药	2012 年央视“3 · 15”晚会披露 13 个药用空心胶囊产品铬超标消息引起社会广泛关注。其具体起因为河北个别企业利用皮革废料熬制成工业明胶，卖给浙江新昌县药用胶囊生产企业，最终流向药品企业。经检验，包括修正药业、通化金马药业等在内的 9 家药厂共计 13 个批次药品胶囊重金属铬含量超标，部分产品超标 90 倍
2013 年 3 月	苹果“后盖门”	电子产品	2013 年央视“3 · 15”晚会曝光苹果手机在中国市场实施与国外不同的售后政策，在中国宣称的“以换代修”“整机交换”并没有真正更换整机，通常用沿用旧手机后盖的方法逃避中国手机“三包”规定
2013 年 3 月	网易窃取用户信息	互联网	2013 年央视“3 · 15”晚会曝光网易等公司追踪用户加密缓存，涉嫌默认第三方挂代码窃取用户邮箱信息
2014 年 3 月	尼康相机质量问题	电子产品	2014 年央视“3 · 15”晚会曝光尼康相机出现质量问题，拍照出现黑斑点，售后服务方却将质量问题推责给雾霾，认为是雾霾导致斑点出现
2014 年 3 月	康诺邦违规生产鱼肝油	医药	2014 年央视“3 · 15”晚会曝光康诺邦公司利用水产加工品的企业标准，将本应是药品的鱼肝油违规生产成婴幼儿食品
2015 年 3 月	路虎成为“拦路虎”	汽车	据 2015 年央视“3 · 15”晚会曝光，路虎揽胜极光变速箱出现故障，路虎中国公司将产品质量责任推卸到消费者身上，认为故障频发是由于消费者开车速度过快

续 表

时间	危机名称	所属行业	危机概述
2015 年 3 月	中国移动、中国铁通成诈骗电话幕后推手	通信	2015 年央视“3・15”晚会曝光，中国移动、中国铁通为骚扰电话提供各种支持，甚至给伪装成 10086、110 之类的诈骗电话一路开绿灯，即使发现诈骗电话显示虚假主叫号码，仍然允许透传
2015 年 10 月	青岛大虾事件	餐饮、旅游	有网友爆料称，其 2015 年 10 月 4 日在青岛市乐陵路“善德活海鲜烧烤家常菜”吃饭时遇到宰客事件，点菜时已向老板确认过“海捕大虾”是 38 元一份，结果结账时变成 38 元一只。该事件的出现对青岛旅游形象造成一定负面影响
2016 年 3 月	“饿了么”惊现黑心作坊	餐饮	2016 年央视“3・15”晚会曝光，在“饿了么”网站上一张张绚丽多彩的美食照片背后，挂靠的可能是脏乱差的黑心小作坊
2016 年 3 月	车易拍虚假报价	互联网	2016 年央视“3・15”晚会曝光，车易拍是一家二手车在线交易平台，宣称其二手车交易“快速”“透明”“无差价”，但是呈现给消费者的汽车报价很多是虚假且经过篡改的
2017 年 3 月	耐克虚假“气垫门”	制造业	2017 年央视“3・15”晚会曝光，耐克一款宣称配有冲击气垫的鞋其实并未装备气垫，对这样的虚假宣传耐克给出的回应只是产品描述失误。其实早在 2011 年，耐克在中国销售的篮球鞋就曝出过“气垫门”事件

续 表

时间	危机名称	所属行业	危机概述
2017 年 12 月	东北雪乡宰客事件	旅游	一游客在网上发表名为《雪乡的雪再白也掩盖不掉纯黑的人心！别再去雪乡了!》的文章，称自己与家人 12 月 9 日在雪乡赵家大院预订一间三人火炕房，遭遇价格欺诈。该事件的发生对当地旅游业造成很大的负面影响
2018 年 3 月	脸书泄密事件	互联网	脸书违背了用户协议，对用户隐私造成了侵犯，大量用户信息泄露，遭到了舆论的强烈抨击。受泄密事件影响，脸书股价下跌，市值蒸发严重
2018 年 4 月	苹果、小米等手机壳有毒	电子产品	2018 年 4 月 12 日，深圳市消费者委员会组织召开新闻发布会，对外公布了 28 个品牌共 30 款塑料手机壳的比较试验结果，其中 5 款手机壳检出了有毒有害物质，苹果、小米生产的手机壳“ 榜上有名 ”

资料来源：作者根据公开出版物及知名网站信息资料整理。

附录 B　第三章实验情境

畅优乳业为总部位于英国的一家跨国奶制品公司，成立于 1983 年，2002 年进入中国市场。

畅优公司自成立之初就特别注重环境保护事业，倡导企业与环境和谐、友好。公司通过了 ISO 14000 环境标准认证。从 2007 年至今，公司与中国共产主义青年团、中华全国青年联合会联合在中国发起了以“同一个地球，同一份责任”为主题，名为“中国青年畅优环境保护资助行动”的大型环保公益活动，目的在于提升中国青年群体对环境保护和可持续发展战略的认知程度、责任意识与行动能力。(战略型企业社会责任)

畅优公司自成立之初就特别注重环境保护事业，倡导企业与环境和谐、友好。公司通过了 ISO 14000 环境标准认证。从 2007 年至今，公司在中国发起了主题为“喝畅优、爱环境”的大型环保活动，该公司宣布消费者每购买一盒畅优奶制品，公司将把零售价的 1% 捐给环境保护基金，以支持中国的环保事业。(战术型企业社会责任)

畅优公司在知名财经类杂志《财富》推出的“2011 年全球企业社会责任排行榜”中名列前茅，之所以取得如此好的名次，是由于该公司一直致力于环境保护，并且投入资金数额非常大。(高水平企业社会责任)

畅优公司在知名财经类杂志《财富》推出的“2011 年全球企业社会责任排行榜”中未能进入前 100 强，较上年度排名大幅度下滑。排名下降的原因是公司在环境保护捐助金额方面有所减少，尽管未进入前 100 强，但公司进入了排行榜前 200 强名单，排名在第 198 位。（低水平企业社会责任）

2008 年，中央电视台《新闻联播》节目报道称在 22 家企业生产的奶制品中检测出三聚氰胺成分，其中畅优公司名列其中。至于三聚氰胺来源，至今真相不明，有人认为是奶农擅自添加，也有人认为是企业故意添加、是行业秘密，还有人认为是奶牛所吃草料中含有三聚氰胺成分。

参考资料：[1] 王志扬．环境保护以人为本，丰田为在华环保策略“输血”[EB/OL]．(2011-09-19)[2018-01-20] http：//www.pcauto.com.cn/news/changshang/1109/1645012.html.

[2] 张张．蒙牛三聚氰胺时间表[EB/OL]．(2011-05-17)[2018-01-20] http：//blog.sina.com.cn/s/blog_62192f6e0100ue6n.html.

附录 C　第四章实验情境

A 公司为一家在全球较有知名度的餐饮企业，总部位于法国。目前在中国尚未有分店，但鉴于中国市场潜力巨大，该公司计划于 2015 年进军中国市场。

A 公司在知名财经类杂志《财富》推出的“2011 年全球企业社会责任排行榜”中名列前茅，之所以取得如此好的名次，是由于 A 公司一直致力于环境保护，并且投入巨额资金来支持慈善事业，同时出台奖励措施积极支持员工参与社区公益活动。(积极企业社会责任)

A 公司在知名财经类杂志《财富》推出的“2011 年全球企业社会责任排行榜”中未能进入前 100 强，较上年度排名大幅度下滑。排名下降的原因是由于 A 公司在环境保护方面缺乏力度，曾被媒体报道将未经净化处理的废水直接排放到附近河流中。同时在慈善事业捐助方面相比其他企业捐赠金额要少很多，另外公司没有出台相应计划以支持员工参与社区公益活动。(消极企业社会责任)

A 公司提供的一款名为“芙蓉天绿香汤”的汤品非常受消费者欢迎。2010 年 5 月 20 日，法国知名报纸《世界报》发表了主标题为“美味天绿香毒死小白鼠”、副标题为“巴黎中央理工大学教授发现近 10 种常见野菜唯独‘天绿香’有毒，呼吁广大市民慎食野菜”的新闻，在该文右边，“A 公司仍售天绿香产品”的标题赫然映入眼帘。

随后，该新闻迅速被多家媒体及网站转载，一时间引发了消费者对 A 公司“芙蓉天绿香汤”的恐惧与质疑。

事件发生后，A 公司迅速启动了“天绿香”危机事件应对措施。

当天，A 公司的对外公关部门发言人向媒体进行了通报，声称该公司提供的“芙蓉天绿香汤”确实含有野菜“天绿香”，并将样品送交食品检验部门进行检验。经检验，该产品中的镉含量符合国家标准，但鉴于该产品给消费者造成了不必要的惊慌，A 公司深表歉意。(危机反应方式：明确承担责任)

当天，A 公司的对外公关部门发言人向媒体进行了通报，声称该公司提供的“芙蓉天绿香汤”经有关食品检验部门检验，各项指标符合国家规定的标准，但鉴于该产品给消费者造成了不必要的惊慌，A 公司深表歉意。针对记者提出的“芙蓉天绿香汤”中是否含有天绿香成分这一问题，该发言人未给予明确回答。（危机反应方式：模棱两可）

当天，A 公司的对外公关部门发言人向媒体进行了通报，声称该公司提供的“芙蓉天绿香汤”尽管名称中含有“天绿香”字眼，但其实并不含天绿香成分，而是采用替代材料模拟天绿香成分，并出具了有关食品检验部门的检验报告，各项指标符合国家规定标准，但鉴于该产品给消费者造成了不必要的惊慌，A 公司深表歉意。（危机反应方式：明确不承担责任）

参考资料：张杰．从肯德基事件看企业危机管理［EB/OL］．（2006－11－08）［2018－01－20］http：//www.mie168.com/manage/2006－11/180926.html.

附录 D　第五章实验情境

假如你目前需要一双质量优异的运动鞋，并且利用周末去一家运动用品专卖店购买。商店里运动鞋品牌种类繁多，可谓琳琅满目。这时你发现 A 公司生产的运动鞋自己非常喜欢，于是决定购买。为了慎重起见，你记下了公司名称和款式号码，等回家在网上进行详细了解后再进行购买。通过浏览相关网站，你知道 A 公司专门从事运动用品的生产，总部设在德国，产品质量优异。同时你发现：

A 公司在知名财经类杂志《财富》推出的“2011 年全球企业社会责任排行榜”中名列前茅，之所以取得如此好的名次，是由于 A 公司一直致力于环境保护，并且投入巨额资金来支持慈善事业，同时出台奖励措施积极支持员工参与社区公益活动。（积极企业社会责任）

A 公司在知名财经类杂志《财富》推出的“2011 年全球企业社会责任排行榜”中未能进入前 100 强，较上年度排名大幅度下滑。排名下降的原因是由于 A 公司在环境保护方面缺乏力度，曾被媒体报道将未经净化处理的废水直接排放到附近河流中。同时在慈善事业捐助方面相比其他企业捐赠金额要少很多，另外企业没有出台相应计划以支持员工参与社区公益活动（消极企业社会责任）。

另外你在网上还发现：

A 公司最近生产的一款运动鞋（该款运动鞋与你所喜欢的运动鞋同属于“青春奔放”系列）被发现其所宣称的核心亮点“鞋底缓冲弧设计”并未达到设计要求，公司宣称购买该款运动鞋的消费者可以就近去专卖店进行退换货。（危机严重性程度高）

A 公司最近生产的一款运动鞋（该款运动鞋与你所喜欢的运动鞋同属于“青春奔放”系列）被发现鞋帮有开胶现象，公司宣称购买该款运动鞋的消费者可以就近去专卖店进行退换货。（危机严重性程度低）

参考资料：MOHR L A，WEBB D J. The effects of corporate social responsibility and price on consumer responses ［J］. Journal of Consumer Affairs，2005，39（1）：121－147.